Opening Minds

Using Language to Change Lives

Peter Johnston

オープニングマインド

子どもの心をひらく授業

ピーター・ジョンストン
吉田新一郎 訳

新評論

訳者まえがき

本書は、「間違いは誰もが犯し、それを改めることで学んでいけばいい」という強い思いに貫かれている本です。その象徴となっているのが、最初に紹介されている教師の二つの発言です。

「読み手として、いま、大きな間違いを犯しました。部屋に入ってきた人に気を取られてしまいました。だから、この部分を読み直します」

「そのことについて、もう少し話してくれませんか？」

前者は、とても大切なことを教師がモデルとして示しており、後者は同じような体験をしたことのある子どもに、ほかの子どもたちに教えさせています。そうなのです！　本書にあるように、「（教師や親の使う）言葉が子どもたちの住む世界を変えてしまい、その結果、彼らが何になり得るのか、どのように感じるのか、何を知り得るのか、そして何が正しい行動なのかということも変えてしまう」（一一ページ）ということです。

翻訳途中の原稿を読んでくれた協力者の山口美穂さんが、本書のキーワードとして次の三つを挙げてくれました。いただいたメールのなかには、「本書のなかで紹介されている教師と生徒のやり取りを通して、その重要性を強く気付かせられました」というメッセージが付けられていました。

・「公正な社会」「公正な教育」
・「ダイナミック・マインドセット」と「固定マインドセット」
・「社会的想像力」

「公正な社会」と「公正な教育」

山口さんは、次のように書いています。

「もっとも印象的な内容は、第９章の『公正な社会』『公正な教育』についてです。同時に、日本の教育で見事に欠落している視点であることに、自分自身や日本の学校の状況に照らして納得しました。とりわけ小学校現場では、真に社会とのつながりを考えた実践が少ないのではないでしょうか。そこが欠けているから、『学校／授業ごっこ』『正解当てっこゲーム』になるのだと改めて思いました。そして、このような現状を引き起こしている要因の一つに、教師自身が、社会とつながっていない／自立していないことがあるのではないか、と。この点については大きな反省であるとともに、今後、成長していくためのポイントだと捉えました……。そして、『公正な教育』という枠組みのなかで、子ども同士、子どもと教師とが価値あるやり取りを丁寧に行っていることと、すべての子どもが可能なかぎり完全に発達できるようにしていることが印象に残りました」

「公正な教育」については、実現するための具体的な方法が本書で紹介されています。ここでは、三つだけを引用しておきます。（三〇一～三〇二ページ）

・教室に存在する教師（教え手）は大人だけではないという事実を真剣にとらえるべきである。
・クラスでの子どもたちとの話し合いは、彼らが自分のことを誰だと思うのか、自分は何をしていると思っているのかということに大きく影響している。ゆっくり時間をかけた話し合いは、子どもたちの価値観や気質を左右する。
・意味をつくり出すことはいいことだが、意味のあることを行うほうがさらによい。

なお、第9章では、幸せは「楽しい生活」「熱中できる生活」「意味のある生活」で構成されているとして、後者の二つを追求することが人生の満足度を示す指標になっている（二七七ページ）、と書かれています。この二つを達成できている人は日本にどれくらいいるのでしょうか。「生活」を「授業」に置き換えると、両者は比例関係にあるような気がします。まさに、生活や社会と授業がつながっていることが分かります。

また、本書では、「熱中して取り組む（engage）」と「意見を異にすること／違うこと（disagree/

difference)」という言葉が繰り返し出てきます。これらは、よく学ぶ際に不可欠となる条件ですが、日本では大切にされていないというか、無視され続けています。

「ダイナミック・マインドセット」と「固定マインドセット」

二つ目の山口さんのコメントを紹介します。

「ダイナミック・マインドセットと固定マインドセットのとらえ方、およびそれらの影響について興味をもちました。教師が、ダイナミック・マインドセットの効果（あるいは、固定マインドセットの悪影響）について理解していること、そもそも教師自身がダイナミック・マインドセットの持ち主であることで教師の質問の質が変わり、子どもたちとのやり取りやかかわりのなかで、不確実性・探究・主体性・継続（的な対話）といったものを提供することができると思いました。管理職と教職員の間でも同様だと感じ、ぜひ、実践していきたいです」

この二つのマインドセットは、キャロル・デゥエックによって『マインドセット「やればできる！」の研究』（今西康子訳、草思社、二〇一六年）のなかにおいて提示された考え方です。この本よりも、本書（とくに第2章〜第5章）で説明されている内容のほうが先生たちには分かりやすいと思ったのが、本書を訳すことにした理由の一つです。

ちなみに、二つのマインドセットを別な言葉で表すと、前者は「主体性」や「チェレンジ」、後者は「無力感」と「思考停止」となります。

それでは、どのようにしたら教室や社会に充満している固定マインドセットをダイナミック・マインドセットに転換することができるのでしょうか。詳しくは、四五〜四六ページなどに書かれていますが、著者が提示している鍵というか選択を簡単に紹介しておきましょう。

一つ目は、子どもたちができたり、あるいはできなかったりしたとき、つまりフィードバックや褒め言葉を提供するときに私たちが何を選択するかです（第4章で詳しく解説）。二つ目は、私たちがどんな活動の提供の仕方や問題の出し方をするかに関係します。たとえば、第5章で紹介されているのは次の質問です。

①南北戦争の三つの主要な原因は何ですか？

②二〇世紀に暮らす白人男性の視点から、南北戦争の主要な原因は何ですか？

①は、試験などに出る典型的な質問です。正解を前提にしたもので、思考停止を起こす質問と言えます。それに対して②は、正解がないので採点がしにくいために試験などにはあまり出ない質問です。しかし、間違いなく第5章のサブタイトルである「探究、対話、不確実性、違い」は強調されることになります。

そして三つ目は、人間の脳がどのように機能しているのかについて、子どもたちに明確に教えることです。頭脳は常に変化しており、あなたの考えや体験の仕方も変化しています。

さらに四つ目は、実際に変えられる体験をたくさんしてもらうことです。これが極めて乏しいというのが日本の授業実態です。そもそも、先生たちが物事を変えられる主体者（agent）としての意識がもちにくいという状況に置かれていますから、それを子どもたちに期待するのが難しいのです。

社会的想像力

最後に山口さんは、次のように書いてくれています。

「社会的想像力は、私にさまざまなことを考えるきっかけをくれました。学びは、根本的に社会的な営みであること。基本的なレベルで、生徒が助けを得られなかったり、活動に協力して取り組めなかったりすると、学びが得られない可能性があること。社会的な成長が、知的、感情的、肉体的な健康の基礎になっていること、などです」

本書の著者は、「カリキュラムを開発する人々は、これらの異なる成長の要素をバラバラなものとして扱っているだけでなく、子どもたちを人間ではないととらえることで、本来切り離すことのできない一体性を無視してしまっているのです」（一六二ページ）というように、現在学校教育で行われている方法を痛烈に批判する形で第6章をはじめています。

そして著者は、社会的想像力の二つの特徴として、「場の空気を読む力」ではなく「人の心を読む力」と、「人の行動、意図、感情、考えなどを多様な視点からイメージできたり、判断できたりする力」（一六八～一七一ページ）を挙げています。

学業面だけでなく、人間関係、道徳、自己調整力、問題解決能力の形成などさまざまな面で極めて重要であるにもかかわらず、「学校教育のなかで社会的想像力を考えることはほとんどありません」（一七四ページ）と著者は強調しています。さて、みなさんはどのように思われますか？

右記の三つ以外にも、ハイライトとして紹介しておきたい項目がいくつもありますが、ここでは、みなさんの読書をサポートするために四つだけ簡単に紹介しておきます。

道徳的主体性——五セント硬貨の矛盾に気づいて、アクションを起こす小学一～二年生の事例です。「道徳的な観点を踏まえることなく主要教科を教えることができると装うことには意味がありません。（中略）しかし、精神的に健全な道徳的担い手に子どもたちを育てる、ということに関しては合意が得られることでしょう。精神的に健全な道徳的担い手とは、大切に思う道徳に対してはしっかりと要求し、他者に対して自分と同じものを要求することはなく、違いを公正に交渉できると思っている人のことです」（二二三～二二四ページ）

対話的なやり取り――「一緒に考え、力を合わせて取り組む」ことこそが人類の強みなのに、日常的な会議や議会などでは見られることがほとんどありません。「一人ひとりの頭脳は、会話によって育まれるのです。つまり、コミュニティーのなかで相互作用的な思考によって育まれるということです」（二三二ページ）。協力して考えられる能力を教えられた子どもたちが獲得したもののリスト（二三四ページ）と、一方的な授業しか受けてこなかった中国や韓国の生徒たちも、対話的な（協力して考える）やり取りが容易にできることも紹介されています（二四〇ページ）。

形成的評価――形成的評価こそが評価／学びの中心であり、教師だけの役割ではないことが明確にされています（第4章）。教室内はもちろん、教室外の人も巻き込みながら、みんなが学び合っていく（成長し合っていく）ことを可能にする役割は教師にあります。間違っても、一人で頑張って教える（指導する）ことはしないでください。

学力テストのあるべき姿――日本の学力テストとは根本的に異なるニュージーランドの学力テストが紹介されています（二六七～二六八ページ）。

本書の著者ピーター・H・ジョンストンの本は、二〇一八年にも『言葉を選ぶ、授業が変わる！』（長田友紀、迎　勝彦、吉田新一郎編訳、ミネルヴァ書房）が邦訳出版されています。この続編とも言える本書は、グレードアップされた内容となっています。新任、ベテラン、管理職、すべての教科、学年、学生、保護者など、教育にかかわる人や、「公正な社会」「熱中できる生活」「意味のある生活」「主体者意識」をつくり出したいと思っているすべての人にぜひ読んでいただきたいです。前著をまだ読まれていない方は、あわせて読まれることをおすすめします。

最後になりますが、粗訳の段階で目を通していただき、貴重なフィードバックをしてくれた小学校から大学までで教えている小松由希恵さん、山崎誠さん、山口美穂さん、飯村寧史さん、佐藤広子さん、峰本義明さん、本間莉恵さんに感謝します。また、本書の邦訳企画を快く受け入れていただき、最善の形で日本の読者に読んでもらえるようにしてくれた武市一幸さんをはじめとして株式会社新評論のみなさん、そして読んでくださるあなたに、心から感謝します。

二〇一九年一月

吉田新一郎

もくじ

第5章 それを考えられるほかの方法はありますか？——探究、対話、不確実性、違い

第8章 一緒に考え、力を合わせて取り組む 225

オープニングマインド——子どもの心をひらく授業

第1章

言葉を選ぶことは世界を選ぶこと

——言葉を選び、世界を選ぶ

あなたが言ったことを、子どもたちが言い間違えることはほとんどありません。彼らは、あなたが言ったことを一言一句、そのまま繰り返すことができます。（作者不明）

ある年の夏、家族の集まりがあったとき、砂場で遊んでいた三歳と五歳の姪と話をしました。私が座ると、二人は次のように言って迎えてくれました。

アメリア　ピーターおじさんが来たわ。遊びましょう。私が母親役ね。
マリー　じゃ、私は娘になるわ。ピーターおじさんはあなたの夫になれるね。
アメリア　いいえ、私たちはまだ結婚していないの。

こんな短いやり取りですが、言葉と教育について、大切なことが含まれているように感じました。わずかな言葉のやり取りと、しかたなく私が同意したことによって、女の子たちはしばしの間生きる世界をつくり出したのです。この二人は、私たちが誰で、何をしている人なのかを決めてしまったのです。

教室でも、似たようなことが起きています。教師として、私たちは言葉を選択しています。その過程で、生徒たちと自分のために固有の「教室世界」をつくり出しています。

数分後、想像上の道を車で走っていたマリーが、「もっと広い道が私には必要だわ」と言って嘆きました。そして、砂場の外を見ながら欲求不満を募らせて、「私には広い世界が必要だわ」と繰り返し言いました。

自分たちがつくり上げた世界の狭さに気づくことは大切ですが、それは簡単なことではありません。マリーには、砂場の中につくり出した世界の外が見えていたという強みがありました。

本書で私は、教室の中に私たちがつくり出す、通常とは異なる世界について紹介していきます。それらのなかで、何が可能で、何が不可能なのか、そして言葉というツールを使って、固有の世界をどのようにつくり出しているのかを紹介していきます。

時に、一つの言葉がすべてを変えてしまいます。ロビンという教師が、同僚たちに野生の七面鳥をどのように料理すればよいのかと尋ねました。彼女の夫が車を運転中に七面鳥をはねて、妻に料理してもらおうと持ち帰ったのです。

数人の同僚がアドバイスとレシピを提供しましたが、一人の傍観者が、「路上で車にはねられて死んだ鳥ね」と言いました。もらったレシピを使ってロビンは七面鳥を料理しましたが、自分は食べることができませんでした。「路上で車にはねられて死んだ鳥」と名づけられた途端、すべてが変わってしまったのです。

教室では、たくさんの出来事が起こります。しかし、それらの意味は、生徒たちが日常使っている言葉を通してでしか明白にはなりません。何が豪華なごちそうか、もしくは路上で車にはねられて死んだ鳥なのかは、どちらの世界にいるのかを生徒たちに知らせないかぎり分からないのです。

生徒に対して英語のスペルのテストをする際、「どれだけの言葉を知っているのか見てみましょう」と言うのと、「すでにどれだけの言葉を知っているか見てみましょう」と話すのには違いがあります。たった一つの言葉ですが、「すでに」は、子どもが知っている言葉は教師の期待を超えていることを示しています。と同時に、知っていることも知らないことも、不変ではないことを示しているのです。

教える最適な機会

　ある朝、友人が担任を務める小学一年生のクラスを私は訪ねました。ペギーン・ジェンセン先生は、その日の空模様に極めて適切な、ジャクリーン・ブリッグズ・マーティン作の『雪の写真家ベントレー』〔参考文献120参照〕を子どもたちに読み聞かせていました。二月、二〇センチも積もった雪がまだ降り続いていて、登校してくるのが大変だった日のことです。そのため、すべてのことが遅れていました。

　ジェンセン先生が読み聞かせているとき、一人の子どものために配属されている補助教員が遅れて教室に入ってきました。ジェンセン先生は見上げて彼女を歓迎し、再び子どもたちのほうを向いて、「読み手として、今、大きな間違いを犯しました。部屋に入ってきた人に気を取られてしまいました。だから、この部分を読み直します」と言いました。

　生徒の一人、マイケルが「同じことが僕にもよく起こります」と言いました。

「そのことについて、もう少し話してくれませんか?」と、ジェンセン先生がうながしました。

「う～ん、そんなときは少し戻って読みます」と、マイケルは付け加えました。

　一五分後、クラスの子どもたちは少し混乱していました。そこでジェンセン先生は、子どもたちに思い出させるように、「マイケルが何と言ったか覚えていますか？　思い出してください。少し戻って読み直すのです」と言いました。

二日後、「ひたすら読む時間」(1)のときに、一人の生徒が「読み直す必要があります。なぜなら、気が散ってしまったからです」と言いました。

先に紹介したやり取りは、ある意味では極めて普通に起こっていることです。しかしながら、この出来事は、私たちが生徒と使っている言葉の単純さと複雑さの両方をよくとらえています。必ずしもジェンセン先生は、読み聞かせの最中に、「読み手として、今、大きな間違いを犯しました。部屋に入ってきた人に気を取られてしまいました。だから、この部分を読み直します」と言う必要はありませんでした。でも、あえてそう言ったことで、ジェンセン先生は二つの重要なことを示したのです。

一つは、「私もあなたたちと同じように間違えるのです」と言い、教師と生徒がもっている力を同じレベルにしたのです。二つ目として、間違いの意味を彼女は説明しています。間違いは誰

(1)「ひたすら読む時間」は、リーディング・ワークショップという国語の読解教育よりもはるかに効果的な教え方・学び方の中心に位置づけられています。子どもたちが大量に読む時間を確保しないかぎり、読むことを好きになれないし、読む力もつかないからです。詳しくは、『イン・ザ・ミドル』、『リーディング・ワークショップ』、『読書家の時間』を参照してください。

でも犯します。正せばいいのです。そして、そこから学べばいいのです。あなたは、能力がないわけでもありませんし、バカでも悪い人でもありません。

すべての一年生が（大人も！）、このことを知っているわけではありません。しかしながら、ジェンセン先生のクラスの一年生たちがこのことを学ばなければ、間違えることを避けようとして、学ぶ際に生じるかもしれないリスクを冒すことができなくなってしまいます。さらに、間違いを犯したとき、そのことについて話さなくなってしまいます。

そうなると、大切な評価[2]の情報が教師に提供されなくなってしまうだけでなく、主体的な話し方の練習をするという機会も奪われてしまうことになります。

主体的な話し方とは、自ら行動することができ、影響力を行使できる立場に話し手を置くことです。

「（気を取られて間違いを犯したときは）少し戻って読み直す（ことで、それを改めればいい）のです」

間違いは、私たちが新しい領域に踏み込んでいるとき（つまり、学ぼうとしているとき）に、何かができる境目でよく起きます[3]。

ジェンセン先生が「そのことについて、もう少し話してくれませんか？」と言ったことも、当たり前のように感じるかもしれませんが、実はそうではありません。これは、彼女の効果的な評価の手段となっています。

何よりも、子どもが（自分自身で）考えているということを教師に知らせることになります。と同時に、マイケルに、何か言うことがあると気づかせています。そして、ジェンセン先生とクラスメイトたちがマイケルの話に聞き入ったことで、自分が尊重されていると感じさせることになります。

この点に関しては、あとでジェンセン先生が「マイケルが何と言ったか覚えていますか？　思い出してください」と言ったことで、マイケルは（クラスメイトたちも）さらに強く意識することになりました。彼女は、このような言い方をする必要はありませんでした。マイケルに関連づけることなく、単にやり方だけを思い出させることもできたのです。

（2）この評価は「総括的評価」ではなくて、生徒との学びと教師の指導に寄与する「形成的評価」のことです。

（3）「まったくその通りだと思います。生徒は間違うことと、間違ったことを人に知られることを恐れます。早い段階で、こういうことを普通のことと知らせることは大切だと思いました」というコメントを翻訳協力者からいただきました。これは、二つのことに起因します。

一つは、ヴィゴツキー（Lev Semenovich Vygotsky,1896～1934）の「最近接発達領域（ＺＰＤ）」について知らないか、知っていてもそれが実行できていないことです。（https://wwletter.blogspot.com/2015/09/blog-post_25.html）もう一つは、日本の評価のとらえ方と行われ方に問題があることです。『成績をハックする』と『一人ひとりをいかす評価』を参考にしてください。

この点について正確を期すならば、そもそも、このやり方を最初に言ったのはマイケルではなくジェンセン先生だったのです。しかしながら、マイケルを特別な立場に置くことができるチャンスだったので、あえてこのような言い方をしたのです。つまり、マイケルを特別なタイプの人と設定した物語をつくり出したということです。

マイケルは、クラスのなかでも決して有能な読み手ではありません。しかしながら、彼女が繰り返し言うことで、マイケルだけでなくクラスメイトもその方法にあたかも精通しているように感じ、彼が話すのを聞くことは価値のあることだと思いはじめるのです。

確かに、彼は話し合いに貢献しました。生徒の発言を評価するのではなく、承認することは、教室といった空間の集団思考により貢献することになるのです。そうすることで、より生産的な発言を生徒たちから引き出すことができます。

このような教師と生徒のやり取りは、これだけではあまり重要とは思えないでしょう。しかし、それを何度も繰り返し行うことによって、大きなインパクトが得られるのです。そして、その力は、子どもたちの会話のなかで使われたり、繰り返されたりすることで一層強化されていきます。

たとえば、二日後のことです。一人の女子が途中で気をそらしてしまったので、読み返すことで、そのときの問題を解決しなければなりませんでした。彼女は自分で考え、おしゃべりを続けていたのですが、気が散ってしまったことに気づいて、そのことをみんなに話したのです。

これによって、クラスメイトたちに再度学べる機会をつくっただけでなく、「間違いを恥じることはない」というジェンセン先生の主張を補強したことにもなります。子どもたちが先生の言い方を引き継げば、ジェンセン先生の言葉は、子どもたちが学び続けるかぎり使われることでしょう。

子どもたちが選択する目標や大事に思うこと、体験する感情、担うアイデンティティー、築く関係、行う学習、抱く考え、そして人々に対してもつ見解など、これらすべてがジェンセン先生の発する言葉によって影響されることになります。彼女の言葉は、教室のあり方を変えてしまうのです。

言葉が子どもたちの住む世界を変えてしまい、その結果、彼らが何になり得るのか、どのように感じるのか、何を知り得るのか、そして、何が正しい行動なのかということも変えてしまうのです。

教えるということは、「計画的なご都合主義」とも言えます。教師は、子どもたちに何を教えたいのかという考えをもっており、それを可能にするための学習計画を立てます。その計画を実行に移すと、子どもたちは教師に何かを言う（あるいは言わない）機会が提供されます。そして、私たち教師が選択する言葉が、次に起こるであろう何かを決定づけているのです。(4)

教えるということは、終わりのない即興でもあります。それはジャズなのです。

子どもが質問をします。それに答えますか？　もし答えるなら、どのように答えますか？

それに答える前に、どのくらい待ちますか？　もし答えないなら、何と言いますか？

子どもが何かをうまく成し遂げたとき、あるいは失敗したとき、私たちは子どもに声をかけますが、何と言えばいいでしょうか？

本書の目的は、より建設的なやり取りを選択する際に、ベースになるものを提供することです。つまり、子どもたちが提供してくれるチャンスを最大限に活かす方法を提供します。より重要なことは、教えるということを会話というジャズ演奏にたとえるならば、即興で演奏をする場合にもっとも効果的なキーを選ぶ必要が私たちにはあり、それを読者に示すこととなります。

今と未来に向けて教える

小学三年生のマニーとセルヒオが座って、本について話し合っています［参考文献133参照］。その本は、イヴ・バンティング(5)が書いた『*A Picnic in October*（一〇月のピクニック）』（未邦訳）です。毎年一〇月、おじいさんがアメリカに入国したことを祝うために、ニューヨークにある自由の女神像の近くで、家族のみんなが集まって行われるピクニックの物語です。そのピクニックに、無理やり連れていかれる小さな男の子の視点で描かれています。

　このピクニックが気に入らない男の子は悪さをしますが、絵本の最後では、自由の女神を見ているカップルの様子を見たことで、自分のピクニックへの考え方を変えることになります。

マニー　違う、違う。彼は悪かったけど、変わったんだよ。

セルヒオ　悪い人は変われないよ。彼は、みんなをバカにしていた。ゲロを吐くふりもした……。

マニー　あれは、ひどかった！

セルヒオ　でも、彼は来たくなかったから。来たくもないのに来させられているから、頭にきてたんだ。とてもきまりが悪いんだ。そんなことなら僕にもあるよ。

マニー　はじめはそうなんだけど……（ページをめくって）ここの最後を見て。彼らが帰るとき、

（4）「この段落はとても面白いです。自分たちの御都合だけでなくなったときに、学びが生じるように感じました。それは、生徒にとっても、教師にとっても、です」というコメントを翻訳協力者からいただきました。これを発展させると、「指導案」は誰にとっても学びを生まないということにつながります。教師にとっては学びがゼロですから、それを見ている生徒たちが面白いと思えるはずがありません。

（5）（Eve Bunting）『くろい　かべ』（はしもとひろみ訳、新世研、一九九七年）をはじめとして、社会問題を扱った多くの児童書を出版しています。

ほかの家族を見て何かが分かったように見えるよ！

セルヒオ　見せて（と言いながら絵本をつかんで、マニーが見ていたページをしっかりと見はじめました。そして、小さな声を出しながら、そのページの文章を読みました）。分かった。おばあさんにとって、なぜ自由の女神に来ることがそんなに大事なのかに気づいたんだね。

マニー　そうなんだ。彼は理解したと思う。

セルヒオ　彼の心に刻まれたと思う？

マニー　違うなあ。いや、そうかもしれない。彼の心に刻まれたかもしれないけど、おばあさんの心に刻まれていることが理解できたんだと思う。

いくつかの点で、この会話には価値があると思いました。この二人の男の子は、教師がいないところで、本についての話し合いに熱中していました。彼らは、自分たちでそれについて話し合うことを選択し、自らに関連づけていたのです。

彼らはそれぞれ自分なりの解釈をもっていましたが、自分の解釈に固執しているわけではありません。話が噛み合わないときもありますが、互いの考えを真剣に聞いています。そして、本に書かれている証拠を使って、自分の主張を正当化しようとしています。また、互いの視点の違いを述べて、理解を広げようとすらしています。さらに二人は、自らの成長をコントロールしているとさえ言えます。

お互いを必要としていますが、今、教師は必要としていません。なぜなら、彼らは自分たちの考えを広げるために、お互い（と本）に熱心に取り組む方法を知っているからです。彼らは、互いの考えが違うことの価値を理解しているのです。

ここで紹介した理由だけでも（教師と生徒、生徒同士の）対話型の教え方を正当化するには十分だと思いますが、本書の残りの部分で、この対話型の教え方を注意深く見ていくことにします。

マニーとセルヒオのような対話のなかで、二人やクラスメイトたちは民主的な社会にどのように参加したらいいのかについても学んでいます。彼らは熱心に取り組み、異なる意見を出し合い、そして、そこから共に成長することを当たり前のように思っているのです。

彼らもいつかは選挙のときに投票することになりますが、それは自分とお互いの見方をより良く理解し、その過程でつくり上げる共同の考えを膨らませたあとのことです。たとえ、自分の利益になると判断したほうに投票することになったとしても、その利益はより見識あるものになっていることでしょう。なぜなら、自分の利益がより広い社会の利益とどのようにつながっているのかという感覚をもっているからです。

マニーとセルヒオとのやり取りや、それを可能にするために行われている教師による指導は、(6)子どもたちの社会的な想像性、つまり共感する能力や他者の考えを想像する力を育むことが分かっています。そして、この能力は道徳面での健全な成長も可能にします(7)。

言ってみれば、ステレオタイプ（固定的なものの見方）を押さえ、社会的なネットワークを拡張し、お互いの見方を向上させるということです。また、家でも学校でも行儀の悪い行為を減らすことになります。もちろん、あなたが学力にしか興味を示さない人だとしても、マニーとセルヒオは読解力を育んでいますからご安心ください。さらに、自立した学びに協力して取り組めるマニーとセルヒオを信頼して、見守ることができる教師であれば、より集中した指導が必要な子どもたちをサポートすることもできるようになります(8)。

マニーやセルヒオがいるようなクラスでは、自分たちが何をしているかについての考え方や関係のもち方、そして違いに対する反応の仕方などは当たり前のこととなっていますし、自分自身や他者をそうしたものとして見ています。

たとえば、ダンサーの筋肉があるレベルに到達するとすべての動きがスムーズになるように、相互のやり取りを自分たちのものにしているのです。このようなたとえは、笑い顔やしかめっ面をしたときの皺よりもはっきりはしないでしょうが、クラス内に深く根づいているのです。

このような小学校の教室を参観した大学卒業者が、次のような振り返りをしています。

――高校時代、スランプに陥ったとき、なぜそのような状態になったのか自己評価したことがあります。学ぶことが、私にとっては楽しくないと気づいたのです。そもそも面白いと思ったのはいつなのか、と考えました。私にとっては、対話的なクラスに出合ったときだと思います。

対話の経験は、確かに思い出させるものがあります。対話のあるクラスによって学ぶことが好きになった、と母に言ったことがあります。学ぶことへの情熱と切望は、今でも私のなかに残っています。（中略）私の思考のプロセスは、私の人生のあの特別な時期に形づくられたと思っています。［参考文献25参照］

（6）ここで言う指導は、従来の一斉指導ではなく、モデルとして示し続けることやカンファランスを行うことなどを指しています。詳しくは、「作家の時間、オススメ図書紹介」を検索して、見られる本のリストを参照してください。

（7）日本で行われている道徳教育とは、考え方も取り組み方もかなり異なります！　もっとも参考になる資料については、二二四ページの訳注（17）を参照してください。

（8）子どもの力やニーズに応じて、教師の役割や接し方を臨機応変に変えることを意味します。ライティング・ワークショップやリーディング・ワークショップの教え方、および「一人ひとりをいかす教え方」やＰＢＬなどがもっとも参考になります。要するに、伝統的な教師としての役割よりも、コーチとしての役割のほうが大きい状態と言えます。ブログ「ＰＬＣ便り」の二〇一五年三月一日号と二〇一八年四月二二日号をご覧ください。

かわいこちゃん、
大きくなったら言うべきことは言い、
自立して、意志の強い人になるんだよ。
でも、小さいうちは言われたことを
よく聞き、従順でいなさい(9)。
Streeter

これまでに刻み込まれた経験のせいで、子どもたちに対する私たちの対応は無意識なものになっています。口を開ければ、自分の親や教師が言った言葉が出てしまいます。私たちが話す内容を変えるためには、自分は何をしているのか、もっている選択肢は何か、その結果、なぜその選択をするのかということを意識する必要があります。

本書では、私たちの価値、信念、経験、働く状況などが、私たちが選ぶ言葉に影響していることを示していきます。また、どのような言葉を選択するかによって、子どもたちの学び、彼らがどのような人間になるのか、どのようなコミュニティーを形成したりするのかということに対して重大な影響を与えることになります。

私たちが教える際に選択する言葉は、子どもたちが住んでいる現在の世界と、将来、彼らがつくり出す世界の両方を変える力をもっています。ので、私の役割は、読者のみなさんがより望ましい選択をするためのサポートをすることになります。念のために言いますが、私たちが今教えているということは、未来社会に向かって教えているということを忘れないでください。

（9）　日本の場合、成長しても子どものままでいるような社会になっているように思えます。

第2章

ダイナミック・マインドセット
——自分と世界のかかわり方を形成する

言葉は、私たちの意識を形成する力をもっている。さらに言葉は、自分の身の周りの環境を解釈したり、うまく使いこなしたりするための理論を一人ひとりの子どもに提供している。(1)（マイケル・ハリデー・Michael Halliday, 1925～2018）［参考文献67参照］

ライティング・ワークショップ(2)をしている一年生が次のようなことを言いました。

「僕はあまりうまく詩が書けないので、ノンフィクションを書き続けようと思うんだ」

(1) 日本で国語教育を行う際、このようなことを意識して教えている先生はどれくらいいるでしょうか？　教科書をカバーする教え方では難しいことでしょう。教える側が主体的になることを望みたいです。

なぜ、それが分かるのか、と彼の教師が尋ねました。彼の答えは、「分からない。でも、うまく書けないんだ」でした。

きっぱり言い切っているところが悩ましいです。彼は、「まだ、うまく書けないんだ」と言っているのではなく、今うまく書けないし、これからもずっと書けないと思い込んでいるのです。

彼は六歳で、これ以上、詩に対して努力することは無駄だと判断しているのです。つまり、彼は詩が好きなタイプの人間ではないということです。いったい全体、六歳の子どもがそんなことをどうして言い切ることができるでしょうか？〔参考文献152参照〕

「いい読み手に生まれた子もいるし、そうでない子もいる。自分はいつもダメな読み手だったし、これからもダメだ。もう、遅すぎる」〔参考文献183参照〕と、ある中学生が言いました。小学一年生と同じレベルで決めてしまっていますが、こちらのほうが重症のようです。

このようなことを言う生徒たちに、私たちはたくさん出会ってきました。そして、私たちは、彼らの考え方を変えようと最善の努力をしました。

アデラ・ラクズィンスキー先生は、自らの初期の指導経験を振り返ったとき、生徒のなかに「僕はバカだ。バカだ。バカだ。バカだ」〔参考文献104参照〕と言った子どもがいたことを思い出しました。愕然として、即座に彼の考えを変えようと努力しました。「あなたは頭がいい」と伝え、自分でもそのように言うように伝えましたが、彼はそうはしませんでした。

次の日、ラクズィンスキー先生は彼の考えを変えるために、より積極的なアプローチを取りました。彼のグループに、「自分は頭がよくて、よく読める」と一〇回言うように指示して、褒美を与えることにしたのです。

生徒たちはそれを聞き入れて一〇回言いましたが、先生自身は矛盾を感じました。なぜなら、「ここに五ドルあります。これで、自分のセルフ・エスティーム(3)を買ってください」と言っているようなものだったからです。でも、「ほかに何ができたというのでしょうか?」と思っています。

この質問に答えるには、何よりもセルフ・エスティームの問題に焦点を当てるべきではなかった、という理解が必要です。問題は、子どもたちが固定化された特性や能力（あるいは能力のなさ）のみにとらわれてしまっていることです。彼らは、人というものは固定化して、変わらない特徴をもっていると信じているのです(4)。

（2）ライティング・ワークショップは一九七〇年代の後半に、アメリカでそれまでの作文教育が効果的でなかったという反省のもとに、作家になる体験を通して学ぶ教え方として普及しています。書く題材は自分で決めたり、繰り返しの下書きや書き直したり、校正は自分や友だちとしたり、自信のある作品は世に出版／発表してフィードバックをもらったりすることなどが大切にされています。

（3）「自己肯定感」「自尊感情」「自尊心」などと訳される言葉です。本書では、「self-worth」も使われているので、そちらを「自尊心」と訳しました。

彼らは、一部の人だけが詩や算数・数学、そして読みが得意で、そうでない人もいると考えています。一部の人は頭がよくて、そうでない人もおり、そうした状況を変えることはできないと考えています。間違いや成功しなかった試みは、すべてこのような固定化された、変わらない特徴の表れであると見なしているのです。

ラクズィンスキー先生と同じく私たちは、生徒たちが本当は頭がよい（あるいは、よい読み手である、詩が得意である）と信じさせることで、生徒のセルフ・エスティームを高めようとしています。しかしながら、「頭がいい、悪い」の会話を続けることは、生徒たちがもっている固定的なものの見方を裏付けることになってしまいます。

というのも、頭がいいというのは、頭が悪いという会話の反対側に位置するからです。誰かを「頭がいい」と認めるということは、「頭がいい、悪い」を決めること自体が人を判断するときの方法であると同意してしまうことになるのです。

子どもがうまくやったとき、それは頭がいい証拠だと教師が指摘しているかもしれません。もし、うまくやれたことが頭のいいことの指標となるならば、うまくやれなかったこと、間違い、もがきは頭が悪いことの証拠となってしまいます。「自分は頭がよくて、よく読める」という言葉を繰り返させてセルフ・エスティームを高めようとする試みは、問題を解決しないどころか、悪化させてしまうことになるのです。

「僕は、詩が苦手だ」と言った子どもを例にとってみましょう。彼の教師は、彼だけでなくほかの生徒に対しても、「あなたはこれが苦手ですね」と言ったことはないと確信しています。しかし、彼が説明文などのノンフィクションの文章を書き終わったときに、誰かが「あなたは、これがとても得意なのね」と言った可能性は高いでしょう。

書き手が得意か苦手のいずれかだと思ってしまうと、最初に詩を書いたときにノンフィクションのときよりもうまくいかなかった場合、その書き手は詩が苦手だと結論づけてしまう可能性が高いのです。それゆえ、誰もそのことを伝える必要はありません。多くの人は、得意か苦手の二つのタイプに分けられると信じているのです。

頭がいいか悪いかなど、人は固定的な特性をもっているという見方の影響については研究が進んでいます。それらの研究は、「あなたはこれが得意ですね」や「あなたは頭がいいですね」といった単純なコメントが、みんなにとって好ましくない世界をつくり出してしまっていることを明らかにしています。

そのような世界は、私たちが学業的に、情緒的に、人間関係的に、そして道徳的にも避けたいと思うところです。実際、「影の側面」と言えるようなところです。

（４）　このような状況、あなたの周りでは頻繁に見かけますか？　それとも、ほとんど見ませんか？

私たちはこの世界についての詳しい地図を持っていて、その世界の扉を開ける言葉も知っています。一方、幸いなことに、より建設的な世界をつくり出す方法も研究が明らかにしてくれています。ここからは、その両方を紹介していきます。そして、特定の言葉が、それらの世界の扉を開けたり、閉めたりすることも示していきます。

頭がいいこと、および頭がよくなることに関する子どもたちの考え

スタンフォード大学の心理学教授であるキャロル・ドゥエック（Carol S. Dweck）と同僚たちは、子どもたちが知能についてもっている考え方について研究をしてきました。つまり、頭がいいということに関して、どのような考えをもっているか、ということです。

子どもたちのなかには、能力や知能を、生まれたときからもっているかそうでないかのように、あたかも一般的な性格の特徴であるかのようにとらえている人がいます(5)［参考文献87参照］。私は、このような見方を「固定的な理論」と呼んでいます。それらの特徴は、変わらないものとしてとらえているからです。つまり、ある人たちは、ほかの人たちよりも頭が悪くて、それについて変えることはできないと思っているからです。

それに対して、人生を「ダイナミックな理論」という視点で見た場合は、能力や知能を学習することで成長させたり、状況によって異なったりするものととらえます(原注)［参考文献49参照］。ダイナミックな理論（見方）をもつ人は、たくさん学ぶことで頭がよくなると思っています。つまり、固定的な理論の持ち主は「自分はいい書き手じゃない」と考えますが、ダイナミックな理論の持ち主は、「私は、まだうまく詩が書けない」あるいは「私は、うるさい環境ではまだ上手に書けるようになっていない」と考えるということです。

「固定的な理論」あるいは「ダイナミックな理論」のどちらをもっていようが、あまり関係がないように思えます。実際のところ、子どもが何かを成し遂げたとき、その子どもがどちらの理論（マインドセット）の持ち主かを見抜くことは容易ではありません。しかしながら、困難に遭遇したときはその理論の違いが大きく出ることになります。

（5）『言葉を選ぶ、授業が変わる！』の「資料B」の、マンディーとミリーの発言も参照ください。

(原注)　固定化するのではなくて成長を可能にするので、ドゥエックはこの枠組みを「成長マインドセット／理論」と呼んでいます。私は、「ダイナミック（活力に満ちた）理論」と呼びます。なぜなら、あとで知識の捉え方にそれを応用しますが、それには成長の概念が含まれているだけでなく、知識は状況にも依存しているからです。それらの二つの状況においては、「ダイナミック」のほうが、絶えず変化しているという考え方をより適切に表していると思うからです。

固定的な理論の持ち主が困難に遭遇したとき、間違いは深刻なものになります。より悪いのは、課題が難しいと判断したら、失敗したり、バカだと思われたりしたくないため、最初からやってみようとすらしない可能性があるということです。そのこと自体が、大事なことを学ぶ機会を逃してしまうと分かっていても、です。

彼らは、何に関しても自分がよく見えるようにしたいのです。少なくとも、悪くは見えないようにしたいのです。よって、自分がよく見える目標を選びます。彼らに、「自分が利口だと思うのはどんなときですか?」と尋ねると、次のように答えます。

「ほかの子たちよりもよくできたとき」
「一番先に終わったとき」
「間違いが一つもなかったとき」
「ほかの子たちが難しがっているのに、自分だけが簡単だったとき」〔参考文献48参照〕

固定的な理論の持ち主がよく見える目標を選ぶという傾向はすでに研究され尽されており、極めて根強いことが分かっています〔参考文献65、14、35、50参照〕。これからたびたび言及することになると思いますので、固定的な理論とよく見える目標のことを「固定マインドセット」と呼ぶことにします(6)。

一方、ダイナミックな理論の世界はかなり異なります。年度当初、ジーン・カーダナイ先生が教える小学二年生のクラスでは、子どもたちが昼食を食べに行く用意をしていました。ジェイムズが私の前を通り過ぎようとしたとき、「これはとても難しいんだ。一年生のときよりはるかに難しいよ」と打ち明けました。でも、彼は決して不満そうには見えませんでした。それどころか、彼には興奮と満足している様子がうかがえました。そこで私は、「でも、楽しいんだろう?」と言ってみたところ、彼は積極的な姿勢でうなずきました。

このような反応を、ダイナミックな理論の持ち主から見ることができます。ダイナミックな理論の世界では、たくさん学べばより頭がよくなり、がんばって取り組む必要はありますが、学びこそが目標となるのです。よく見えたり、悪く見えたりすることは関係ありません。だから、ダイナミックな理論の持ち主に「自分が利口だと思うのはどんなときですか?」と尋ねると、次のような答えを聞くことができます。

「難しい算数の問題に取り組んでいるとき」

---

(6)　訳者がかかわった『成績をハックする』『一人ひとりをいかす評価』『親のためのマインドセット──成長マインドを育む方法(仮題)』などでは、「固定マインドセット」は「停滞マインドセット」と訳しました。成長マインドセットには、固定マインドセットよりも停滞マインドセットのほうが釣り合っていると判断したからです。しかし、ダイナミックに対しては、「停滞」ではおかしいので「固定」を使うことにしました。

「自分で答えが見いだせたとき」
「ほかの誰かに教えているとき」〔参考文献48参照〕

ダイナミックな理論の世界では、間違いというものは恥ずべき力不足ということを意味しませんので、難しいことへのチャレンジが可能となります。また、難しいことに遭遇すると、それはより面白くなることを意味します。チャレンジしがいのある活動は、脅威ではなくて、何か新しいことが学べる機会と約束されているからです。

ダイナミックな理論の世界は、固定的な理論に比べてはるかに面白く、生み出される不安も少ないのです。そして、ダイナミックな見方をもっている人たちは、一般的に自分が学び続けるという選択をすることになりますので、これを私は「ダイナミック・マインドセット」と表現することにします。

マインドセットとその影響

「ダイナミックな学び」と「固定的な学び」の枠組みの違いを明らかにするために、これらの研究をするために行われたいくつかの実験結果を紹介していきます。

ドゥエックと同僚であるスタンフォード大学のミューラー（Claudia Mueller）は、小学校の五年生たちを一人ずつ教室から呼び出して、簡単な問題を解くテストをさせました[7]。二人は、一部の生徒がテストを終了したときに、「これがあなたの点数です。とてもいい点数です。一生懸命取り組みましたね」と子どもたちに言いました。その一方で残りの生徒には、「これがあなたの点数です。とてもいい点数です。あなたは頭がいいですね」と伝えました。

その後、生徒たちはその日のうちに別のテストを受けるのですが、「どのようなテストを受けるかは選べます」と伝えられました。彼らは、最初と同じように、「簡単なテスト」か「難しいけれど、それに挑戦することで何かを学べるかもしれないテスト」のいずれかを選ぶことができるのです。かける言葉をほんの少し変えることで、生徒たちが学習することに興味を示して、難しくとも挑戦しがいのあるほうを選ぶのか、または、学びは得られなくても無難なほうを選ぶのかを二人は知りたかったのです。

「あなたは頭がいいですね」と子どもに伝えることは、彼らのセルフ・エスティームを高め、結

（7）　著者はこれの出典を明らかにしていませんが、Mueller C. M. and Dweck C. S. 1998. Praise for intelligence can undermine children's motivation and performance. *Journal for Personality and Social Psychology*, 75(1), 33-52であると思われます。

果的に難しいテストに挑戦させることにつながるでしょうか？

あいにくと、そんなことはまったくありませんでした。「あなたは頭がいいですね」と言われたグループの約三分の一しか、難しくて学びがいのあるテストを選ばなかったのです。それに対して、「あなたは一生懸命取り組みましたね」と言われたグループの九割以上が、より困難で学びがいのあるテストを選びました。フィードバックの仕方の違いが、極端とも言える違いを生み出したということです。

「一生懸命取り組む」という言葉かけが、テストの出来不出来とは関係なく、次も同じように取り組むためのきっかけをつくったのです。「あなたは頭がいいですね」と言われた子どもたちの三五パーセントしか、やりがいのあるテストは選びませんでした。彼らは、頭がいいか、そうでないかに人は分けられるという世界に引き込まれてしまったのです。そして、テストは、それを明らかにするための手段でしかなく、一回のテストで決まってしまうものだ、と考えたのです。

次に子どもたちは、みんなが悪戦苦闘する難しいテストを受けました。その後、次のような質問をされました。

「そのテストを受けていて楽しめたかい？」

「そのテストの一部を家に持ち帰って解き続けたいかい？」

「なぜ、今回はあまりできなかったのだろうか？」

「あなたは頭がいいですね」というフィードバックをもらった子どもたちは、そのテストを楽しむことができませんでしたし、家に問題を持ち返ることにも興味を示しませんでした。彼らは自分の出来を、自分のコントロール下にある努力ではなくて、固定的な見方（人からの評価や人との比較）で説明しがちでした。

この実験にはさらなる段階がありました。子どもたちは、最初に受けたような簡単なテストを受けたのです。そのテストでは、「一生懸命」に取り組んだ子どもたちは、一回目のときよりもよい成績を上げたのです。

実験の最終段階で研究者たちは、子どもたちに次のように頼んだのです。

「ほかの学校でも今日のようなテストをすることになっているので、その子どもたちに、今回のテストをすることがどんなことかを説明する手紙を書いてください」

手紙を書くときに使う用紙には、自分が取った点数を記入する欄が設けてありました。すると、予期しない結末が得られたのです。「あたまは頭がいいですね」と言われた子どもたち（つまり、固定的な世界の住人たち）の四〇パーセントが、自分の点数をごまかしていたのです。

子どもたちの世界ではテストの点数は深刻なもので、変わることのない特徴を反映しています。彼らは、自分が会うことのない人たちにいい印象を与えるために点数の水増しを行ったのです。「一生懸命」に取り組んだ子どもの場合、そのようなことをしたのはわずか一人だけでした。

要約すると、一つの言葉の使い方が、子どもたちの学業面だけでなく、道徳的な選択にまで大きな影響を及ぼすということになります。言葉がまさに、彼らの住む世界を変えてしまうということです。

ほかの実験では、研究者が子どもたちに固定マインドセットかダイナミック・マインドセットのいずれかを選ぶように仕向けたうえで、わざと難しいテストを出してみんなに悪い点を取らせました［参考文献137参照］。その後、子どもたちには、ほかの子どもたちのテストを見る機会が与えられ、自分よりも出来の悪い解答であれ、出来のよい解答であれ、どちらかを選ぶように促しました。

ダイナミック・マインドセットをもっていた子どもたちは、自分よりも出来のいい生徒のテストを選びました。どのように解くかを学ぶことができるからです。一方、固定マインドセットの子どもたちは、自分よりも出来の悪い生徒のテストを見がちとなりました。そうすることで、自らに満足できるからです。

後者の子どもたちは、学ぶことを放棄して、自分がよく見えるほうを選択したのです。どうやら、固定マインドセットの世界では、学ぶために努力をすることは「時すでに遅し」となっているようです(8)。

ある特別支援の教師が、支援を受けている高校生に「一緒に詩をつくろう」と誘ったとき、彼は、「そんなことしてどうなるの？　何も自分の助けになんかならないよ。人はあることではよくできて、ほかのことはよくできないんだから」［参考文献121参照］と反論しました。彼は、教師がしようとしたことは、変えることができないと思っている「読み・書き」であり、どれだけダメかということを思い知らされるだけ、と感じたのです。

特別支援教育は、固定マインドセットという世界へ誘うことがとても上手です。それは、「思い込み」という障がいの特性を抱え込み続ける世界なのです。特別支援学級の子どもたちは、固定マインドセットのなかに放り込まれるだけでなく、頻繁に成功することはないという証拠を見せつけられることになります。このような両者の組み合わせは重大な問題です。

言い方を換えると、問題が居座り続けるということです。固定マインドセットをもつ子どもは、自分にはいい決断ができないので、将来成功に導いてくれるような可能性も極めて乏しいと思い込んでいるのです。

研究者たちはあるテストをしてもらう前に、固定マインドセットかダイナミック・マインドセットを選ぶように子どもたちに依頼しました［参考文献72参照］。そして、テストを受けたあと、

（8）　翻訳協力者の一人が、「学ぶことに努力することは時すでに遅しと考える『固定マインドセット』の末恐ろしさに震えます。でも、実際、かなり多くの子どもたち（教師も？）がこのような世界のなかで暮らしていると感じます」というコメントを書いてくれました。

点数には関係なく半分の子どもたちから「よくできた」と言われ、残りの半分からは「出来がよくなかった」と言われました。

その後、次のテストでより良い点数が取れるように、全員に補習を受ける機会が提供されました。ダイナミック・マインドセットの子どもたちの四分の三が、実際に補習を受けることを選択しました。つまり、彼らは、自分がいい点を取ったか否かに関係なく、さらに学ぶ機会を得たわけです。

一方、固定マインドセットの子どもたちの多くが補習を受けないという選択をしました。このなかで、一回目のテストで「よくできた」と思った子どもの六〇パーセントは補習を受けましたが、出来がよくなかった子どもは一三パーセントしか補習を受けませんでした［参考文献72参照］。つまり、固定マインドセットを選んだ子どもたちのなかで、もっとも必要性の高かった子どもが補習を受けなかったということです。

補習を受けることは、自分が無能であることがほかの人たちに明らかになってしまうというのが理由です。それに加えて、出来がこの先もよくなく、しかも楽しめないなら、補習を受けることにどういうメリットがあるのかと思っているのかもしれません。

主体性と無力感

固定マインドセットが根づいてしまっている子どもたちは、困難に遭遇したときに無力感を感じてしまいます。自我を守ること以外の方法を考えることができなくなってしまうのです。また、固定マインドセットのナラティブ(9)を受け入れてしまうと、自らだけでなく世の中のことを経験する方法に影響を及ぼしてしまいます。

困難に出合ったとき私たちは、「これに関しては、これまで得意だったことがありません」とか「私の記憶力はとても悪いです」とか「私はあまり頭がよくありません」と、自らの不変となっている特徴のせいにしてしまうものです。また、他人の前で困難に遭遇したときは、「あなたは、それらの問題を私に近づけるべきではなかった」とか「あなたが私の思考をじゃました」といった具合に、その困難を目の前にいる人や何かのせいにしがちです。

つまり、自分がもがいたり、間違ったりするような難しい課題と、自分の無能ぶりをさらけ出すことを可能なかぎり避けるのです。そして、成功することが約束されているような、簡単で、

(9)「語り」や「ストーリー／物語」と訳されることが多いですが、「本人が自分の体験として語る物語」のことです。

見栄えのする適度な難しさの課題を選ぶことになります[10]。

固定マインドセットのナラティブ（語り）を選んでしまうと重大な欠陥をもった性格となり、私たちはそのまま生きていくことになります。固定マインドセットの子どもは、失敗したとき、無力になるだけでなく、かつては解いたことのある問題に再び出合ったときに解けないと思ってしまうことすらあります。そして、実際、前よりも悪い結果が出るのです［参考文献43参照］。

それどころか、そのような子どもたちは前向きに考えることを放棄してしまい、誰かを非難したり、他の領域で自分が成功した話をすることで注意をそらしたりします。考えることは、自我を守ることだけとなってしまうのです。

失敗に直面することは、自分について、自らの体験について、そして自分の未来についてどのように考えるかということに影響を及ぼします。つまり、過去の記憶にまで影響を及ぼし、成功していたことですら思い出せなくなってしまうのです。

ある調査によると、八つの問題ができて、できなかったのがわずか二つだったのに、固定マインドセットをもった子どもの場合は、五つができて、できなかった問題は六つだったと思い出してしまうようです[11]［参考文献44参照］。

一方、ダイナミック・マインドセットが根づいている子どもたちは、まったく違った形で行動します。彼らは、出された問題を再び解く自信があるだけでなく、正解の確率も正確に覚えているのです。もちろん、自分の失敗を能力や誰かのせいにすることもありませんし、自分に欠陥があるとも思いません。

もし、困難な状況に陥ったときは、自らにさまざまな指示を出したり、問題を解く助けになり得る自分が知っていることを振り返ったりします。簡単に言うと、彼らは戦略的に行動するということです。ダイナミック・マインドセットの子どもたちは、難しい問題を読むときはより深い洞察力（じっくりと考えて、何か新しいものを発見する力）を活用することができ、困難な状況ではより一層戦略的になるということです。

表２－１は、ダイナミック・マインドセットと固定マインドセットを比較したものです。基本的に、三つの異なる側面があります。一つ目は、能力ないし知能に関する見方の違いです。二つ目は、学習か結果かという目標の違いです。そして三つ目は、さまざまな出来事の解釈の仕方に関するものです。それらを異なるマインドセットで見たとき、何がどのように違い、その結果が

---

(10)　翻訳協力者の一人から、「今、向き合っている高校生の進路選びを見ていて、このようなことが起こっていることを実際に体験しています。どんどんとハードルを下げて、安全なものを選ぼうとしています。納得しているのかと聞いても、納得していますと、悩むこともしません」というコメントがありました。

(11)　計算が合っていません。できたことを過小評価し、できなかったこと（問題数）を過剰にしてしまうということだと思います。

固定マインドセットの比較の表

固定マインドセット
頭のよさ、知能、個性などは固定されていて、自分で変えることはできない。
頭のいい人にとって、学びは瞬時に起こるもので、努力することに価値はない。もし、努力が必要なら、頭がよくないことを意味する。
最も大切な情報は、人は正解を出せるか否かである。それは、誰は頭がよくて、より価値があるのかを示している。どのように解いたのかという情報には価値がない。(カンニングやウソも、結果さえよければ許されてしまう。)
目標は、できるだけ頭がよく見えること。
努力することなくできていることは、その人の能力と価値を示している。
問題や間違いは、その人の能力の低さを表している。
難しく、新しい課題はリスクとストレスが大きい。(したがって、避けたほうがいい。)
競争が大切で、成功するには能力と競争に焦点を当てる必要がある。助けを求めることは、その人の能力不足の証拠である。
高い能力とは頭がいいという意味であり、人よりもでき(価値があり)、潜在的に力をもっていることである。

表2－1　ダイナミック・マインドセットと

ダイナミック・マインドセット
たくさん学べば、より頭がよくなる。自分の頭、自分の出来、自分とは何かは自分で変えることができる。
学ぶことは時間と努力が必要で、一生懸命取り組むことには価値がある。
最も大切な情報は、誰が何かをどのようにしたか（できたか）ということである。なぜなら、私たちはそこから学ぶことができるから。
目標は、できるだけたくさん学ぶこと。
努力することなくできていることは、学ぶのに簡単すぎる問題を選んでいることを示している。
困難にチャレンジすれば、問題や間違いは当然に起こり、それらには価値がある。（専門家や作家たちも間違いを犯す。）
難しく、新しい課題は取り組みがいがある。
興味関心と理解しようとする努力と共に、協力は大切で、成功するには欠かせない。自分で努力してなかなか解けないときは、助けを求めることは賢明である。
高い能力があるとは、新しい問題にチャレンジしたり、他の人を助けたりできる能力を指す。

当てる焦点も違ってきます。

ダイナミック・マインドセットでは、プロセス（つまり、どうしたか）がもっとも大切となります[12]が、固定マインドセットでは、プロセスにはほとんど意味がありません。その代わり、結果、出来、スピード、間違いの数などが注目されることになります。言うまでもなく、それらが能力を示すものだからです。

以上の情報に基づくと、「学習障がいをもっている」と分類されない子どもたちに比べて、「学習障がいをもっている」と分類された子どもたちのほうが固定マインドセットを身につけてしまうということはなんら不思議なことではありません。

障がいをもった子どもたち（このようなとらえ方こそが障がいですが！）は、より多くの努力が必要なことを、能力が欠けている証拠ととらえる傾向があります。また彼らは、結果を重視した目標を採用する傾向もあります。固定マインドセットと極めて低い主体性といった感覚を彼らが受け入れてしまうこと、それが問題の核心なのです〔参考文献7参照〕。

これら二つの異なるマインドセットは、学校の中だけにあるものではないことも強調しておきます。社会全体に充満しているのです。だからこそ、私たちの頭の中に叩き込まれているわけです。

同僚と私は、生徒に大きな影響を及ぼす入試や学年昇進試験などの結果が生徒本人と家族に影響を与えているか、もし与えているなら、どういう影響をもたらしているかについて保護者たちに尋ねました［参考文献89参照］。彼らが提供してくれた情報が固定マインドセットの影響を示していたことに、私たちは驚きました。

家族のコメント1

二年生になる息子は、テストを受けざるをえないとき、感情的に取り乱して泣いたり、トラウマを抱えたりしています。「ママ、僕はバカでいいから、テストを受けたくない」と言います。そして、五年生の娘はセルフ・エスティームをもっていません。自分をバカだと思っています。学校を卒業できるとも、頭がよくないので何かになれるとも思っていません。彼女は完全に、感情的にも教育的にも閉じこもっています。それなのに、二人ともAとかBというよい成績を持って帰ってくるのです。

(12)　教え方を例にとると、ライティング・ワークショップやリーディング・ワークショップが成功する理由は明らかです。たとえば、ライティング・ワークショップでは、いい作品を書かせることが目的ではなく、いい（自立した）書き手を育てることを目的に設定しています。そのためにできることなら教師は何でもします。「作家の時間、オススメ図書紹介」で検索すると関連本がリストアップされています。

家族のコメント2

私の子どもは、標準テストの時期になると、論争的になったり、不機嫌になったり、怒りっぽくなったりします。彼女は数学と読みのテストで平均以下だったので、自分がバカだと思っています。しかし、化学と作文ではもっとも進んだＡＰクラスに入れると推薦されており、それらのクラスでは平均Ｂの成績を維持しているのです。[13]

生徒に大きな影響を及ぼす入試や学年昇進試験などのテストを私が支持することはありえませんが、それらが固定マインドセットのなかで行われると、マイナスの影響が最大化されることになります。もちろん、テストの存在自体が相互に比較することによって結果志向を強めることになります。言うまでもなく、学校vs学校、教師vs教師、生徒vs生徒で競争させ、点数に焦点を合わせる形で行われます。[14]

世界を変える

学習という観点から見れば、どちらのマインドセットがより好ましいかは疑いの余地がないでしょう。実際、ダイナミック・マインドセットに基づく学校の取り組みは、学校で困難を経験している子どもたちの軌道を変える可能性があるのです〔参考文献14参照〕。

この場合の分かりきった質問は、「どうしたら子どもたちは固定マインドセットではなく、ダイナミック・マインドセットを受け入れられるのだろうか？」となります。大きく分けて、三つの主要な影響が考えられます。一つ目は、子どもたちができたり、あるいはできなかったりしたとき、つまりフィードバックや褒め言葉を提供するときに私たちが何を選択するかです。

一見すると、ちょっとした言葉の違いのように思えますが、子どもたちには大きな影響を与えることになります。たとえば、「よくできました」と「いい子だ」には違いがあるのです〔参考文献31参照〕。異なる形態のフィードバックが、その子どもについての異なるナラティブ（物語）を育むのです。この点については第4章で詳しく扱います。

二つ目の影響は、私たちがどんな活動の提供の仕方をするかということに関係します。たとえ

---

(13)　優秀な生徒のみが履修可能な大学レベルのクラスのことです。

(14)　この状態を、あるべき姿、もしくはあってほしい姿としてイメージしている教師は、日本中にどれだけいるでしょうか？　教師以外の人たち（政治家や教育産業にかかわる人たち＋大学や企業も？）が、この不毛かつマイナスだらけのことを仕向けているように思います。このあたりの実態については『算数・数学はアートだ！』をご覧ください。

ば、活動を紹介するとき、「これらの問題を、誰が一番早く（よく）できるかを試してみましょう」と言うのと、「これらのなかで、どれがもっとも興味がある問題かを見てみましょう」と言うのとでは大きく違うのです。これらは、子どもたちに何をしているのかということに関してまったく異なる理解をもたらし、異なる情報に焦点を合わせ、そして異なる目標に向けて彼らのエネルギーを向かわせることになります。

三つ目の影響は、人間の脳はどのように機能しているのかについて、子どもたちに明確に教えることと関係します。たとえば、もし子どもたちが何か新しいことを学習するたびに新しい細胞が成長しているという事実を知っていれば、知性は蓄積されるものだと考えるときに応用できるようになります〔参考文献14参照〕。

このような現実的な事柄を紹介する前に、もう少しだけダイナミック・マインドセットと固定マインドセットの違いについて説明しておきます。というのも、知性（つまり、人の脳がどう機能しているか）の論理だけに当てはまることでも、また生徒たちだけに当てはまることでもないと考えるからです。

頭がいいことを越えて

教師を含めた多くの人は、固定マインドセットとダイナミック・マインドセットを知性以外の多くの人間の特徴に応用しています。たとえば、「ほかの人より頭が悪い人はいるもので、それに関しては、できることはほとんどない」という発言に同意する人は、「ある状況で怠けている人は、ほかの状況でも怠けることが予想される」という意見にも同意しがちとなります〔参考文献90参照〕。

もし、掃除の時間にしっかりやらない子どもがいた場合、固定マインドセットをもっている人なら、その行動は個人の性格の表れとして「怠け癖」のサインと解釈することでしょう。この見方では、一つのテスト結果が子どもの知性を示すことになります。もちろん、どんな状況でもそうなりますし、これからもずっと変わりません。

同じように、一回しか提供されない書く機会の結果が、その子どもの詩を書く不変の才能を示すものととらえられることになります(15)。これらのように、固定マインドセットの見方は特定の教え方では制度化されていると言えます(16)。

たとえば、「Teacher Vision」のホームページでは、読書感想文の書き方を紹介する前に、「主人公（本物の人間も！）は、個性と呼ばれるユニークな性格をもっています」［参考文献178参照］と指摘しています。性格のリストに含まれているものは、頭がいい、勇敢、衝動的、賢明、怠け者、創造的、乱雑な、突飛な、などとなっています。これらの特徴と彼らがそれらを紹介する方法は、固定マインドセットをまき散らしているとしか私には思えません。

固定マインドセットの枠組みでは、人はすぐに評価を下されてしまうことになります。実際、固定マインドセットを受け入れてしまう人は、ダイナミック・マインドセットを選ぶ人よりも固定的なものの見方（ステレオタイプ）を築きやすいことが分かっています。

グループのメンバーを説明するとき、特徴的な側面を誇張して話す傾向があります。さらに、その際、プラス面にもマイナス面にも極端な特徴判断を下します［参考文献112参照］。事実、固定マインドセットを選択する人は、自分のステレオタイプを裏付けるような情報に焦点を合わせやすくなり、それに反する情報は無視しがちとなります。つまり、自分がもっているステレオタイプに反するような情報（たとえば、貧しくて、成績の悪い生徒がテストでいい点を取ったこと）には焦点を当てないということです。

固定マインドセットの枠組みでは、一度「怠け者」（あるいは、親切、学習障がいなど）という烙印が押されてしまうと、私たちは手当たり次第、その証拠を見つけることに奔走します。彼らが置かれている状況や、意図や感情などといった心理的な経過は後回しになるのです。

それに対して、ダイナミック・マインドセットを選択すると、私たちは反対のことを行うようになります。つまり、ステレオタイプに引っ張られることが少なく、不当性を証明する情報や中立的な情報に焦点を当てやすくなるのです〔参考文献151参照〕。先に紹介したドゥエックらは、次のように言っています。

「人の心理的なプロセスが特別な意味をもつとき、矛盾した情報は自分の見方を脅かすものとしてではなく、ある人の信念、期待、習慣などについて微妙に異なる見方を形成するため、好ましいものとして受け入れられます」〔参考文献129参照〕

ステレオタイプに対するスタンスの違いに関するほかの理由については、第6章で触れることにします。

ダイナミック・マインドセットを受け入れる人は、一般的なステレオタイプのことに気づいていますが、人を特徴づける要素としてそれを受け入れないだけです。彼らは、状況によって行動が影響されることを知っています。ある人が、ある問題をある状況で解けた（解けなかった）か

（15）ほかのより分かりやすい事例としては、一斉授業式の教え方は「固定マインドセットの見方を拡大再生産することを約束している」と言えます。それに対して、『ようこそ、一人ひとりをいかす教室へ』では、ダイナミック・マインドセットへ転換する具体的な方法が提示されています。

（16）教師向けの有料情報サービスです。

らといって、すべての状況において今後もすべての問題が解ける（解けない）とは言い切れないということです。

ダイナミック・マインドセットを受け入れる人は、ある状況（疲れていたり、不安だったり、お腹が空いていたりしているとき）においては、好ましくない行いをすることが想像できるのです。

マインドセット、関係、そして感情

マインドセットのとらえ方が、私たちとほかの人たちとの関係構築に影響を及ぼすことは至極当たり前のことです(17)。人を即断し、ステレオタイプで見てしまっては、私たちが構築できるかもしれない関係に大きな制約を与えることになります。実際、人間関係において対立が起こったとき、その問題を相手の個性や習慣的な意志ととらえてしまっては、関係はほぼ絶望的となります。大事な関係において、「あなたはいつも……」や「あなたは決して……しない」といった言い回しを使ってしまうことは、ほとんど孤立を意味しています。

固定マインドセットにおいて、関係はメンバーの運命や不変の特性としてとらえられます。つまり、私たちにコントロールできる部分がないということです。生じた問題はすべて固定的な性格に端を発するため、私かあなたの責任以外に考えることができません。したがって、対立が起こると、固定マインドセットの持ち主は問題を避けるか、反感をもって非難するかのいずれかとなります。

それに対して、ダイナミック・マインドセットの持ち主は、問題があることは関係を改善するための機会ととらえ、そのための方法を取る努力をします［参考文献96参照］。仮に、何かを一緒に学ぼうとして同意できないとき、ダイナミック・マインドセットの持ち主は意見の相違に焦点を当て（それを表明している人ではなく）、異なる視点を統合するための努力をするのです。その過程では、相手の能力に対して、双方がより肯定的な見方ができるようになります。

しかし、固定マインドセットを持った人たちは違います。意見の相違は、それぞれの能力に対する脅威を意味します。一人が正しければ、もう一人は間違いなのです。彼らは、意見の相違を関係悪化に転換してしまうのです。また彼らは、自らの能力を堅持するために相手を貶《けな》すのです［参考文献38参照］。

（17）　この節の内容は、『好奇心のパワー　コミュニケーションが変わる』で扱っているテーマと基本的には同じです。よい関係構築の具体的な方法も提示されていますので、ぜひご一読を！

ダイナミック・マインドセットの持ち主たちは、各人の精神的なプロセス（何を信じているのか、知っているのか、感じているのか）によって、その人なりの行動をとると私は思っています。これが理由で、誰かに不当に扱われたとき、相手を理解し、教育しようとし、さらには許す方法まで探す傾向があります。このような人たちは、人は変われるし、説得されると思っているのです。

ある子どもが悪い行動をとる場面が含まれた短いエピソードを聞いた生徒たちが、数週間後に同じ行動をとるか、それとも異なる行動をとるか、と問われました［参考文献30・52・71参照］。ダイナミック・マインドセットの持ち主たちは「変わる」と答えました。しかし、固定マインドセットの持ち主たちは、エピソードにある子どもの行動をより厳しく評価し、何の変化もなく、その子どもを教育するよりも罰を与えるという傾向を示したのです。

読者のみなさんは、このような評価を下し、そして罰を与えるように考えるのは大人だけだと思うかもしれません。ところが、子どもたちもまったく同じように考えるのです。たとえば、固定マインドセットの子どもは、悪い行動をとるクラスメイトに対して、ダイナミック・マインドセットの子どもよりも否定的な判断を下します。クラスメイトは次も同じように悪い行動をとると思っており、処罰したほうがいいという傾向があるのです［参考文献30・52・71参照］。それに対してダイナミック・マインドセットの子どもは、クラスメイトの行動を、感情や考え、そして知っていることや知らないことなどの精神的なプロセスをふまえて説明することが多いです。

このように、結果的に二つのタイプの子どもたちは、悪い行動に対する見方と反応の仕方が大きく異なるのです。

なにがしかの違反をしている場面を見かけたとき、ダイナミック・マインドセットの持ち主は、違反が起こった原因や状況を理解しようとします。そして、違反を犯した人に教えたり、許したりしようとします。彼らは、不正行為はあくまでも一時的なものだと判断し、できるだけ繰り返されないように支援をするのです。

教室の中にたとえれば、単に評価を下して、加害者を罰するのではなく、間違いを修正しようという修復可能な立場に傾くということです。このような見方は、クラス内のすべての過ちに対して当てはまります。子どもがスペルを間違ったとき、間違えた理由は何かに焦点を当て、そのうえで教えようと努力するということです。

固定マインドセットとダイナミック・マインドセットは、私たちの感情にも多大な影響を及ぼします。たとえば、固定マインドセットをもっている学生は憂鬱になりやすく、学業や個人的な性格といった面にも影響を及ぼしてしまいます。

また、物事がうまくいかないとき、彼らは自分の性格や能力を批判しがちとなります。さらに彼らは、自らのことを「負け組」と思い込んでしまい、憂鬱になり、悪循環に陥ることでセルフ・エスティームも低下させてしまうのです。

固定マインドセットの影響

固定マインドセット
行動を、各人の変わることのない特質によって説明する。
確実に成功する易しさで、間違いや学びをもたらすほどに難しくなく、自分の頭がよく見える活動を選ぶ。
困難に遭遇したとき、困難を失敗と同じと見、自分の能力を疑い、自分のせいにし、戦略的に考えられなくなってしまう。
困難を抱えている友だちに提供されるアドバイスは最低限で、もしかしたら同情をともなっているかもしれない。
ほかの子どもたちより、よくできた時や早くできたときに、自分は頭がいいと思う。
たぶん悪い生徒。数週間後も同じ。
違反に遭遇したときは、罰を求める。
意見の相違から関係が対立してしまう。相手を貶《けな》してしまう。
評価を下すのが早く、ステレオタイプも形成してしまう。
年長の生徒は、教育の目的を富と社会・経済的立場を強化するものと捉えている。

表2－2　ダイナミック・マインドセットと

ダイナミック・マインドセット
行動を、精神的な変化と状況によって説明する。
できるだけたくさん学べる困難な活動を選ぶ。最近接発達領域［参考文献190］にのめり込む(注)。
困難に遭遇したとき、自己観察と調整をを踏まえて自分を教えられる。戦略的な努力もし、自分がダメだとは決して思わない。
困難に遭遇している友だちにはどんなアドバイスを提供するか？　たくさんの戦略的なアドバイスを提供する。
チャレンジしているときか、誰かに教えているときに、自分は頭がいいと思える。
悪い行動をとった（悪い成績をとった）新入生をどのように思うか？　悪い生徒ではなくて、数週間後にはよくなるだろう。
違反に遭遇したときは、その行動が起こった状況と理由を理解しようとし、起こした者を許し、教育しようとする。
学ぶなかで意見の相違があったときは、相違を活用して、見方を統合しようと努力する。その過程で、相手の見方を向上させる。
評価を下すことも、ステレオタイプを形成することもなかなかしない。
年長の生徒は、教育は世界を理解する助けになり、社会的に役立つ仕事への準備と捉えている。

（注）ロシアの教育心理学者のヴィゴツキーによって提示された考え方で、最近接発達領域とは、「誰かの助けを借りて今日できることは、明日は一人できる」ことです。

できることなら避けたい困難や憂鬱な感情ですが、ダイナミック・マインドセットの持ち主に与える影響はかなり異なったものとなります。このような人たちは、それらを行動に移すきっかけととらえるのです。実際、その後のパフォーマンスは改善します。彼らは悪循環に陥りません し、セルフ・エスティームを低下させるようなこともありません〔参考文献6参照〕。

以上のことは、教師にも子どもたちにも当てはまります。そして、両者への影響は甚大なものとなります。

ダイナミック・マインドセットの世界は、日常生活全般もさることながら、学業面でもより楽しいのです。学習は基本的に社会的なものですから、クラスをダイナミック・マインドセットの原則で運営すると二倍の効果があることになります。

たとえば、中学生のダイナミック・マインドセットの持ち主は、固定マインドセットの持ち主と比較して、信頼をベースにした友人関係の構築、困難の共有、解決に向けての協力などができます〔参考文献113参照〕。これらのダイナミック・マインドセットと固定マインドセットの影響を**表2－2**にまとめました。

「理論としてはいいかもしれませんが、邪悪な世界へのドアは開かないようにし、明るい世界へのドアを開けたままにするにはどうしたらいいのですか？」と、あなたは尋ねたいことでしょう。続く二つの章で、その質問にお答えすることにします。

第３章 学びの語り方（ナラティブ）を変える

「私は、頭がよいわけではない。ただ、人よりも長い時間、問題と向き合うようにしているだけだ」（アルベルト・アインシュタイン・Albert Einstein, 1879～1955）［参考文献192］

子どもたちは、大人と同じように絶えず世界を理解しようとしています。ところで、私たちの世界は、ある人が見る場合と別な人が見る場合ではまったく違う可能性があります。また、同じ人であっても、違う状況で見たら大きく異なることがあります。

世界は、知覚的に曖昧です。たとえば、**図３－１**のよく知られた絵を見てください。(1)

(1)「だまし絵」で検索すると、他の代表的なものが見られます。

あなたには、若い女性か、年老いた女性が見えるはずです。長い顔の部分を鼻ととるか、頬ととるか、あるいはネックバンドを口とすることで、あなたの見え方は不安定なものになるはずです。これがまさに、子どもたちがダイナミック・マインドセットに基づく考え方ができるようにするときに私たちが行っていることです。

図3－1　だまし絵

私たちは、子どもたちに世界の見え方が変わる部分、この図の場合で言えば、鼻や頬、そしてネックバンドに注目させることになります。ダイナミック・マインドセットに内在する考え方を推進することで、私たちは固定マインドセットで世界を見ようとする子どもたちに制限をかけることができるのです。

このようなことを、あらゆる機会を使って行っています。それによって、子どもたちの注目を不変なものではなく変化のあるものに、結果ではなくプロセスに、そして間違いについての考え方を変えることによって、もっとも大きな成果を得ることができるのです。

変わることと変わらないこと

ドリーン・ラパポート（Doreen Rappaport）作の『キング牧師の力づよいことば』（もりうちすみこ訳、国土社、二〇〇二年）は、マーティン・ルーサー・キング（Martin Luther King, Jr.1929～1968）の生涯を描いたとてもよい絵本です。

ペジーン・ジェンセン先生が、一年生のクラスでその絵本を読み聞かせをしようとしたとき、一人の子どもが「幼稚園の先生が読んでくれたことがある！」と言いました。同じく、ほかの子どもたちもうなずきました。そのとき、ジェンセン先生は次のように言いました。

ジェンセン先生　この本は長いお話ではありませんが、とても大切な考えが含まれています。なので、毎年読む価値があると私は思っています。あなたは、幼稚園のときと同じ人だからと言って、まったく同じ人間だと言えますか？

子ども　いいえ。

ジェンセン先生　そうですね。違っていると願いたいです。身体が大きくなった以外に、何が成長しましたか？　身体以外に成長したことや、変わったことは何ですか？

子ども　私たちの頭脳です。

ジェンセン先生　そうですね。ですから、今日、本のなかの言葉を聞いたら、この本について違うことを考えるかもしれません。［参考文献14］

頭脳は常に変化しており、あなたの考えや体験の仕方も変化します。ですから、常に変わるものだと思っていてください(2)。

変わらないことではなく、変わることに焦点を当てると、すべての学びが違って形で見えはじめます。たとえば、人は自分の心拍数を上げたり下げたりすることも学べます［参考文献42参照］。もし、最初に心拍数の変化をモニターすることに注意を促すと、その後、自分の心拍数をコントロールするのが楽になります。逆に、心拍数の安定性に注意を向けてモニターした場合は、心拍数をコントロールすることが難しくなります。

変化ないし成長の筋道は、ジェンセン先生のクラスにおける会話のなかに織り込まれています。会話は、二度と同じ形で行われることはありません。二度目に詳しく説明されることもありませんが、似たような会話が繰り返されます。

ある日、クラスの子どもたちが写真やキャプションを使って自らの人生のタイムラインをいっぱいつくって壁に貼り、そして変化について話し合いました。その後、回想録を書くユニットがはじまると、ジェンセン先生は「パトリシア・ポラッコはどんな物語を書きますか？」と尋ね、すでにこのことについて話していた子どもたちは「回想録」と答えました。

「はい、回想録ですね」と、ジェンセン先生は繰り返しました。「何が回想録になるのですか？」とさらに質問すると、サムが「それは人々の人生です」と言いました。そして、「私たちの人生における特別なストーリーです」とアレキシスが付け加えました。

ティムがさらに発展させて次のように言いました。

「人生について振り返って、大切なことを考えるのですが……どの経験が自分を少し変えたのかを考えることは難しいような気がします」

ジェンセン先生は、変化について話すティムに子どもたちを注目させました。

「今、ティムが言ったことを聞きましたか？」

子どもたちがお互いの発言を注意深く聞くように、先生は「ステファン、そのことについて考

（２）　翻訳協力者の一人の国語教師が以下のコメントを寄せてくれました。「この、同じ文章を再読するということは、日本の国語教育では考えられないことです。それは、何より一つの作品を何時間もかけて粗探しをするように精読するからでしょうし、同時に、ここにあるような頭脳に対する考え方ももっていないからです。私たちが本を読む際、当然のように行っていることを国語の教室ではまったく行っていません。教室は現実の場とはまったく切り離された、別次元の空間だと思っているようです」

えたいので、ティムが言ったことを繰り返して言ってくれますか？」と促しました。

「過去を振り返ると、私たちはどれだけ成長したり、変わったりしたのかを知ることができます」と、ステファンが要約しました。

人生のなかで、私たちを変えるパワーの外にあるのが何で、基本的に変えることができないのか、そして、それは変えることができるのか（たとえ、どんなに些細なことであっても）を見極めることは、私たちに絶え間ない緊張感をもたらします。これは、組織や社会の体制と個人の主体性との間に潜む緊張感でもあります。

私たちが主体性をもつためには、物事は変わりえるということを信じなければなりません。もし、それを信じないなら、行動を起こすこと自体が無駄となります。

子どもたちは、自分の周りの世界だけでなく、自分の学び、アイデンティティー、知性、個性、そして他者とのかかわり方など、自分と直接関係するたくさんのことは（少なくとも潜在的には）変わる可能性があるということを体験する必要があります。教室での話し合いでは、ダイナミック・マインドセットの考え方に基づいた知性や自分のことについての会話を聞きたいものです。

また、固定マインドセットに子どもたちが感染しないように予防接種もしたいです。彼らに、「自分はまだこれはうまくできません」と言ってもらい、そして、実際にそれを変えるためのアクションを起こして欲しいのです(3)。実際、「まだ」というキーワードを、子どもたちが話のなかで頻繁に使うことを促したいです。

ジェンセン先生は、このように年度当初のやり取りをはじめました。二日目、一年生にコンピューター室を紹介しているとき、「ここで、あなたたちは自分が書いた物語を打ち込みます。それはとても難しいことですが、年度の終わりまでには、みんな、できるようになります」と言いました。

そして、三日目には、「昨日よりも、一〇時までにどれだけたくさんのことをやり遂げたか考えてみてください」と言いました。また、図書館から教室に戻る途中、

（3）翻訳協力者の一人から「私も、強くそう願います。とくに、自分の未来を考えるキャリア教育の授業では、そうあって欲しいけれど、なかなか固定マインドセットから抜けられない子どもたちを見てきました。単純に、未来を描けるようになろう！ではだめだということ、マインドセットの変化を仕掛けることをしなければ、キャリア教育として意味がないということも感じました」というコメントがありました。

普通に歩いていましたが、「あの角を曲がったら私たちの教室よ。私たちは、毎日スタミナをつけています」とみんなに告げました。

このようにジェンセン先生は、年間を通して絶えず変化を意識させるような話し方を繰り返し行っていました。

年度の終わり、幼稚園児が教室に、一年生になったらどうなるのか知るために見学に来ました。園児らが帰ったあとジェンセン先生は、一年生たちに、どれだけ遠い道のりを歩んできたかを思い出させました。そして、その道のりから学んだことをもとに、「来年の一年生に、読むことについて何を教える必要があるのか、一緒に考えてほしい」と言いました。

子どもたちが挙げた提案を、先生は模造紙に書き出しました。そのうちの一つが、「言葉の意味を見つけ出すのに絵を使うことができる」というものでした。ジェンセン先生はそれを模造紙に書き込み、そして「もし、絵がなかったらどうするのですか?」と尋ねました。

「自分の頭の中に描けばいいんだよ」と、その子どもが答えました。

先生はその提案を繰り返しながら、「自分の頭の中に描く」と模造紙に書き込みました。それから、「どれだけの人がそれをしていますか? カーラ、あなたの手が一番早く上がりましたね。あなたは、そのことが三月にはできていましたか?」と尋ねました。

カーラとほかの子どもたちは、よりたくさん学ぶとより賢くなるということを、たくさんの証拠とともに思い出しました。同時にジェンセン先生は、多様な方法を振り返る生徒たちを評価しました。そして、子どもたちを知識豊かな人である、と認めました。このようにジャンセン先生のクラスでは、とくに学びに関する変化は当たり前であるという会話が強く流れ続けているのです。

ほかの先生も同じようなことをしています。幼稚園[4]のスージー・アルソフ先生が、子どもたちに次のように言いました。

「一年生たちがどんなことについて学んでいるのか、みなさんにお話ししなければなりません」

そして、簡単な説明をしたあとに、「みなさんはそれについてはまだ学んでいませんが、来年には学びます」と付け加えました。

また、別のときには、子どもたちのセンターを使った学習[5]について次のように述べました。

「あなたたちは、今週、これの使い方で大きく変わりましたね」

その後、しばらくして、さらに「何ということでしょう。九月の新学期から、たくさんのことを学びましたね」と言いました。

（４）アメリカの小学校には、幼稚園の年長児のクラスからあるところが多いです。

（５）教室の中に三～六つの場所を確保して、子どもたちが自分で選んだり、教師に行くように言われたりして、ある一定の時間、そこでの学習に集中する形で学ぶ方法です。詳しくは、『ようこそ、一人ひとりをいかす教室へ』の第８章および第７章を参照ください。

四年生の担任であるジェラリン・ジョンソン先生は、約三〇分間、分度器の使い方を教えたあとに、「私たちにとって、分度器を使うのは今日が初めてです」と言いました。生徒の一人が、自分たちが行ったことを評価して、「僕たちはよくできたでしょう」と言いました。

ジョンソン先生は、生徒の発言も踏まえて、より長期的な変化のナラティブ（語り）に盛り込みました。

「確かに、みんな一五分前よりはできるようになっています。来週は、ほとんどプロ並みになっているでしょう」

彼女は、学習には時間と努力が伴うと同時に、知的な変化が起こることを確認したのです。よりたくさん学べば、確実に賢くなるのです。また、子どもたちは、自分のことや自らの将来について違った形で想像できるようになるので、変化は知的な部分にかぎらずに起こります。

ジェンセン先生のクラスの一人が、「リリーは、私と同じような変化している人だから」という理由で、彼女のお気に入りの絵本はケヴィン・ヘンクス（Kevin Henkes）の『*Lilly's Big Day*（リリーの大切な日）』と書きました［参考文献201］。本に表されている登場人物の性格との関連は無視するべきではありません。もし、固定マインドセットの特徴をクラスの子どもたちのなかに見いだそうとしないなら、子どもたちが出合う絵本などのなかでも固定マインドセットを探そうとすべきではありません。

本の話し合いをするときは、登場人物たちを変化しないという特徴をもった人たちとして見るのではなく、内部の状態、感情、意志、状況などについてすべて変化するものとしてとらえるのです。たとえば、ジェンセン先生のクラスで行われた本についての話し合いで、一人の子どもが登場人物について「彼は悪い子です」と感想を述べました。

ジェンセン先生はすぐに、「彼は悪い選択をしたのよね？」と反応しました。彼女のクラスには誰も悪い人はいません。しかし、悪い判断をすることはありえます。しかし、そのような悪い判断が悪い人であることは意味しません。誰について話されていようと、このようなやり取りには一貫性があります。

アルソフ先生の幼稚園のクラスに泥棒が入り込んで、カメラが盗まれたということを私に説明していたとき、園児の一人が興奮して、「そうなんだよ、悪い人が窓を打ち破って……」と話しはじめました。しかし、アルソフ先生はすぐに、「悪い人じゃなくて、彼は自分のためだけに判断して、ほかの人たちのことを考えなかったのよね」と言い直しました。他人の視点を踏まえて判断をすることが、この教室では一貫した話し合いのやり方になっているのです。

それには、選択することを通して、自分の生き方をコントロールしたり、意図的に変えたりすることも含まれます。その核にあるのは、人は永久に良いとか悪いということはない、ということです。異なる状況、もっと学ぶこと、異なる選択などによって人は変わり得るのです。

安定感（変わらないこと）と、間違えることの意味

変わることができるという期待感はとても大切です。しかしながら、絶え間なく続く変化をコントロールするために、子どもたちは安定感を必要とします。そのためには、何か頼りにできるものが必要となります。

健全なクラスでは、ルーティンや決まり事が安定感とともに自分たちがコントロールしているという感覚を子どもたちにもたらします。私たちには、その日ごとのスケジュールがあります。(6) それは、可能なかぎり、子どもたちの意見も反映する形でつくられます。そして、そのスケジュールのなかで、今どこにいるのかを定期的に思い出させることで子どもたちは次のステップを考えることができ、時間をもっとも有効に使うことができるのです。

たまにスケジュールを変えることが私たちにもありますが、もし変えるときは、それが話し合いのテーマとなります。仮に、書いたり読んだりする時間を子どもたちが定期的にもてなかったり、教室に秩序がなかった場合は、子どもたちは変化し続けることにうまく対処することができないでしょう。

一方、ある個人の下す判断が尊重され、自由に行うことができるといった空間も必要です。子

どもたちの自尊心が不変のものではなく、成功するかしないかにかかっているという場合、彼らは変化をうまく管理することができないでしょう。したがって、教師だけでなく生徒たちも、たとえ彼らが成功しなかったり、最善ではないであろう判断を下したりしたときも、彼らを大事に思い、敬意を示していることをはっきりとさせなければなりません。

私たちが敬意を表する場合は、子どもたちが自分の間違いを修正したり、次にはより良い判断ができたりするものと仮定しています。そのことを話のなかで前提にしていますし、そうしたことをクラス・ミーティングなどではっきりとさせる機会をもちます。

たとえば、二〇〇九年の大統領選挙のすぐあとに行われたクラス・ミーティングにおいて、アルソフ先生が担任を務めているアフリカ系アメリカ人の幼稚園児が、テレビを見てバラク・オバマ（Barack Hussein Obama）氏が第四四代大統領になったことを報告しました。しばらく選挙について話し合ったあと、アルソフ先生が次のように言いました。

「バラク・オバマが幼稚園児だったとき、彼も、時々間違いを犯していたと思いますか？」

子どもたちは、この言葉に大筋で合意しました。そこでアルソフ先生は、「それでは、その問

（6）　欧米では、日本のように年間を通して決まった時間割があるのではなくて、毎日、必要性に応じて臨機応変に時間割を変えるところが少なくありません。

題を解決するために彼はどのようにしたのでしょうか？」と問いかけました。

「直した！」と、みんな叫びました。

「まったくその通りです。間違いを犯すことは問題ではありません。間違いを直したり、自分がどんなことを信じるのか、また互いにどのように接するのかを考えたりすることで、時間とともに私たちは間違いを正せる人間になっていくんですね」と、アルソフ先生は付け足しました。

アルソフ先生のような教師は、子どもたちの暮らし、抱えている問題、もっている興味など、子どもたちに関心があることを明確にしています。したがって、機会があるたびに、まず子どもたちの発言を注意深く聞きます。そして、そのことに触れながら子どもたちに伝えます。たとえば、「ディクアン、あなたはダウンタウンによく行くようね？」とか「ターシア、あなたの弟もそんな感じなの？」といった話しかけです。

このような教師はまた、子どもたちの判断や選択を真剣に受け止めます。たとえば、ビッグブック(7)を使った小グループ対象のレッスンをしていたときのことです。一人の幼稚園児に対するアルソフ先生の対応には感銘を受けました。彼女は誠実に、「この本をいっしょに読みたいの？それとも、自分で読みたいの？」と尋ねたのです。

その園児は、「自分で読みたい！」と答えたのです。

表情を変えず、評価もせずに、先生は「いいでしょう。読みなさい」と言ったのです。

園児はその通りにしました。彼は本を読むコーナーに座って読みはじめたのです。たまにはグループ・レッスンのほうを見て、それを聞いたりもしていました。

あとでアルソフ先生は、その子どもに「どうだったか」と尋ねたうえ、「さっきはなぜグループでの読みに加わらなかったの」とも言いました。子どもに対して敬意を示すと同時に、アルソフ先生は子どもの自立心も養おうとしていたのです。つまり、自立心は、幸せ、パフォーマンス、創造性、人間関係の質などと深くかかわっているということです〔参考文献155参照〕。

クラスで子どもたちがそれぞれの仕事に責任をもつことは、安定感を生み出すための大事な要素となります。それが、大事なアイデンティティーを提供するのです。ですから、各自の仕事に責任をもつことは個人的に重要だという考えを私は支持し

（7）ビックブックは、クラス全員に対して行う「読み聞かせ」ではなく、「いっしょ読み」をするために文字が子どもたちも読めるようにした大きいサイズの絵本のことです。「いっしょ読み」の具体的な仕方については、『読み聞かせは魔法！』の第4章を参照してください。

たいです。達成感を味わうためには責任が必要なのです。

アルソフ先生が担任を務める幼稚園のクラスでは、特定のルーティンにおいて、教える役になることを含めて子どもたちはみんな責任をもっています。

あるとき、アルソフ先生がクラスで次にすることを決めるために、その日のスケジュールを見直す役割を担ってしまいました。(8) 彼女はすぐに、「シャタ―ラ、ごめんなさいね。あなたの仕事を奪ってしまって」と謝りました。一度の発言で彼女は謝り、間違ったときにすべきことを見直し(他人を巻き込んでいるときは謝る)、それとなくシャタ―ラが自分の責任をしっかり果たす人だというメッセージを発信していたのです。もちろん、シャタ―ラだけなく、ほかの子どもに対しても同じです。

些細な出来事ですが、このようなことが、子どもたち自身が価値ある存在であると見られているという理解を育んでいるのです。もちろん、それには、自分たちが間違いを犯したときのことも含まれています。

大統領だけでなく教師も含めて、私たちは誰でも過ちを犯すものです。過ちそのものが悪い人をつくり出すことはありません。しかし、確実に、そこから学んで改善する努力をしているかどうかは明らかになります。これこそが子どもたちに、難しいことにチャレンジさせ、そして変化させるための核となるのです。

問題解決と原因過程

ダイナミック・マインドセットという織物の縦糸のなかで、もっとも強い糸は過程（プロセス）に対して注目することです。それも、とくに原因となる過程に対して注目することで、次のような発言をする場合が多くなります。

「あなたは〇〇を〇〇したので、その結果〇〇が起こりました」

また、あなたは次のように言うかもしれません。

「あなた方がどのようにしたらいいか、協力して考えました。あなた方は計画し、互いに発言を聞き合い、そして図を描いたはずです。そうしたことをせずに、成し遂げたとは思えません」

原因となった過程を表すコメントは、誰かが何かをどのようにした（あるいは、することができた）という情報がもっとも大切だという考えを奨励するのには効果的です。なぜなら、私たちはそれから多くのことを学べるからです。成功（あるいは失敗）を体験したり、観察したりすることは、それがどのように達成されたのか（あるいは、されなかったのか）を明らかにしたとき

（８）　時間割は決まっていないこと（臨機応変に変わる）が前提にないと、この文章は理解しづらいかもしれません。

にこそ教育上の効果があるのです。

過程に関する情報は、成功が頭のよさを示すものだという考えを退けるのに効果的と言えます。過程に関する情報が、やり遂げたことから「天才」的なものを取り除き、ダイナミック・マインドセットと「成功を達成した戦略的な知識」に置き換えることになります。

過程についてのやり取りを可能にするもっとも簡単な方法は、「あなたはそれを、どのようにやったのですか?」や「あなたはそれを、どうして知っているのですか?」などの「どうして」という質問をすることです。

こうした問いは、子どもたちに主体的なナラティブ（物語）を詳しく述べさせることになります。また、正解に対してどのように影響を及ぼしたのかを説明させます。と同時に、子どもたち自身が使った方法を、学びのコミュニティーに属するほかのメンバーたちに提供することになります。

いずれにせよ、もっとも重要なことは、ダイナミック・マインドセットを促進し、固定マインドセットを弱体化させることなのです。

たとえば、アルソフ先生は、幼稚園児たちとビックブックを使って読み聞かせをしていたとき(9)、言葉が何を意味するのかを考えることに絵を使って子どもたちの注目を集め、「どうしたら、それが分かると思いますか?」と尋ねました。それから、子どもたちの反応を整理する形で、次のように明確に言いました。

「なるほど、絵をよく見れば、どんな言葉が意味をなすか分かるというわけね」

さらに、子どもたちを褒める代わりに、子どもたちにより力をもたせるように「大切なことを教えてくれて、ありがとう」と言ったのです。

続いて彼女は子どもたちに、一人読みをするための本を自由に選択するように言いました。子どもたちは思い思いの本を選んで、お気に入りとなっている読む場所に移動しました。そこに行こうとしている子どもたちに対して彼女は、「あなた方が絵を使って言葉の意味を考えることを楽しみにしています」と言ったのです。

次に彼女は、子どもたちが一人読みをしている間、一人ひとりの様子を見ながら再度大切な過程に言及しました。

「どうやって、その言葉は怪獣で、トロール(10)ではないと分かったのですか？」とか「パートナーがどのようにして分かったのか聞いてみてください」と言いました。

後者は、子どもたち同士で過程について話し合いをさせるための意図的な呼びかけになってい

---

(9)　でもこれは、日本で知られている典型的な読み聞かせとは違います。『読み聞かせは魔法！』のなかで詳しく紹介されている「いっしょ読み」という手法のことです。

(10)　北欧神話に出てくる洞穴などの隠れ処に住む巨人や小人のことです。

ます。その結果、教師が存在しなくても、相互に教え合う状況をつくってしまおうというわけです。このような方法を自分たちのものにしようという試みのフォローアップとして、アルソフ先生はみんなで読んでいたビッグブックのヒーローに関連させながら次のように言いました。
「あなたたちは、『空飛ぶ人間、ダン』(11) のように凄い力をもっていると思いませんか？　あなたたちにとっては、言葉を理解するための力となりますが」

子どもたちに「それをどのようにやりましたか？」と尋ねることは、算数の問題を解いたり、詩を書いたり、図工や理科の実験の後片づけをしたりなど、何か成し遂げたことを振り返させる理由を提供します。それを語ることによって、計画も意識もしていなかったことに、実は目標に向けての定型化された方法があったことに気づく機会が提供されるかもしれません。そのような方法を知っていれば、あとで別のことを計画したり、改良したりするときに思い出すことが容易となります。

とはいえ、膨大な知的なプロセス（過程）が脳で常に起こっているので、自分やほかの人がそれを利用できるようになるためには、はっきりと言葉にする必要があります。頭の中で起こっている過程を言葉にすることは、それが起きているときがもっとも効果的で、評価の目的にも活用し、即、修正改善をすることが可能となります。

単純に、「いま何を考えているのですか？」と問うことが、クラスのなかにこの思考を定着させ、広げていくためのもっとも効果的な方法となります[12]。「あなたはどのようにやったのですか？」や「いま、何を考えているのですか？」といった投げかけは、主体的なナラティブ（語り）を引き出し、戦略的な情報をつくり出し、固定マインドセットに陥る可能性を低下させると同時に、ダイナミック・マインドセットに招き入れることになります。これが、ダイナミック・マインドセットをもった子どもたちがクラスメイトから尋ねられたときに、具体的な改善の仕方を提供する用意ができている理由です。

ヘンリーのクラスにはそのような環境があります。「より良い読み手になるためにはどうしたらいいでしょうか？」と尋ねられたとき、「もし、難しすぎる本をがんばって読んでいるなら、無理しないように言うのがいいでしょう。（中略）二、三か月後にまた挑戦するんです。それまではその本を脇に置いて、いまの自分のレベルに合った本を読むのがいいでしょう」［参考文献

(11) https://www.youtube.com/watch?v=unEyArwChnQ（「Dan the Flying man」で検索）で動画が見られますし、https://www.youtube.com/watch?v=a6_c7urgv38では読み聞かせを見ることができます。

(12) 翻訳協力者から、「『考え聞かせ』を日常的にしていく方法だと感じました。結果が出てから『どうしてできなかったの！』と詰問するより、過程の段階で、どうやっているかをメタ認知させることのほうが有効ですね」というコメントをもらいました。確かにその通りで、「考え聞かせは」はとても応用範囲が広いものです。『読み聞かせは魔法！』の第3章をご覧ください。

87］とアドバイスをしています。

それに対して、固定マインドセットをもった子どもには、的確なアドバイスの言葉があまり浮かんできません。固定マインドセットをもった子どもには、どのような言葉かけができるのでしょうか？　問題をずっと引きずっている人に対して、どのように言えば助けられるのでしょうか？［参考文献52参照］

ちなみに、クラスメイトにアドバイスできることが、子どもたちが互いに教え合える力をもてるようになる大事な要素となります。幼稚園でさえ、子どもたちは誰かほかの人に教えることを学んでいるのです。この点については第8章で詳しく触れることにします。

子どもたちが書きはじめる前に教師が、「書きはじめる用意はできていますか？　あなた方は計画をもっていますか？　それを、私に伝える必要はありません。あなた方の行動から、私には何を書こうとしているのかが分かるような気がします」と言いました。

このように話す過程で、計画は大切かつ求められているものであること、そして、その過程のナラティブ（語り）を事前に練習するように子どもたちを誘っているのです。過程についてのナラティブの練習は、クラスがスムーズに運ぶようになるだけでなく、楽観的な雰囲気をもたらします。そうです、楽観主義なのです。

心理学者のエレン・ランガー（Ellen J. Langer）らは、あまりにも絶望的なシナリオを学部生に渡し、目標を達成できる可能性を言ってもらうという実験を行いました［参考文献106参照］。

学生たちは、パーティーでとても魅力的な女性を見かけ、彼女をデートに誘いたいと思っている状況を思い浮かべるように言われました。しかしながら、不幸にもインフルエンザにかかっており、ニキビもたくさんできて、服にケチャップをこぼしてしまったところです。そんな状況で、デートに誘ったときの成功確率を言ってもらったのですが、ほとんど回答がかなり悲観的なものでした。

比較群のグループ(13)には、成功の確率を言ってもらう前に、目標を達成するための方法についても考えてもらうことにしました。その後に成功の確率を言ってもらったら、かなり楽観的なものだったのです。

自らの想像のなかで自由に使えるより多くの選択肢をもっているときほど、成功の確率が上がったということです。楽観的になるということに興味をもつべき理由はいろいろありますが、「楽観的であることは、心臓まひで死亡するリスクを軽減してくれる」というのはその一つです［参考文献63参照］。

（13）対照実験の対象となるグループを「コントロールグループ（統制群）」ないし「対象グループ」と言いますが、それとは違う条件で（変数を変えて）結果がどうなるかを見る際に比較対象するグループのことです。

問題解決と原因過程への焦点は、至る所で取り上げられるべきです。たとえば、本について子どもたちと話しているとき、主人公の性格に焦点を当てる代わりに、ジェンセン先生は主人公が抱えている問題解決と原因過程との関係に焦点を当てました。なぜなら、それこそが物語の核心であり、子どもたちに理解して欲しかったことだからです。

ジェンセン先生　マコトについて考えてみてください。彼は、日本から新しい国に来ました。彼の問題は何だと思いますか？

マルコ　僕にも同じことがあったよ。

ジェンセン先生　マコトがどう感じていたか、あなたは知っていますね。マコトの問題は何でしたか？

マルコ　離れること。いい友だちや、ほかのすべてから分かれること。

ジェンセン先生　いい友だちと離れることね。あなたは？　ダン、どうぞ。

ダン　彼が考えているほど、たくさんの友だちをつくれないかもしれない。

ジェンセン先生　新しい友だちをつくることに不安になっているかもしれないのね……新しい友だちをつくることができないかもしれないという不安を抱えている問題は、どのようにしたら解決できるでしょうか？

この話し合いは、ジェンセン先生がクラスでつくり出そうとしているダイナミック・マインドセットのやり取りと一貫したものとなっています。彼女が指摘しているように、人は自分が生きる状況によって大きな影響を受けます。問題に遭遇すると、それに合わせて心が動くのです。そして、問題を解決するために行動を起こします。学業においてだけ問題解決の思考が必要なわけではないのです。人間関係にまつわる問題も、戦略的思考による解決法に適しています。

同時にジェンセン先生は、マルコとダンの発言を人の心を読むための観察に変え、彼らの意見を真剣に受け入れることによって、彼らがチャレンジしてくれることに対して敬意を払っているのです。

本章で紹介したやり取りは、一貫してダイナミック・マインドセットを引き出し、固定マインドセットを阻止するものです。本書では、ダイナミック・マインドセットを根づかせるほかの方法（なかには、より容易な方法もあります！）を紹介します。しかし、子どもに提供するフィードバックは、変えることがもっとも難しいことかもしれません。しかも、それは、もっとも多様に利用されているものでもあります。次章において、このフィードバックについて取り上げることにします。

第４章

「いい出来です」
――フィードバック、称賛、その他の反応

私たちの多くが抱える問題は、批判によって救われるよりも、称賛によって破滅するほうを好むということです。（ノーマン・ヴィンセント・ピール(1)）

もし、あなたが、励ましや賞賛や賛辞をすべての人からもらいたいと言うなら、それは、周りのみんなをあなたの裁判官にすることを意味します。（作者不明）

(1)　(Norman Vincent Peale, 1898～1993) 牧師で、ポジティブ・シンキングの提唱者として知られています。著書は日本語にも訳されています。

ジェラリン・ジョンソン先生が担任をしているクラスの四年生たちが、今年の「クラスの本大賞」を決めるための投票をしようとしています。順番に立って、クラスメイトに向かって自分のお気に入りを選んでもらおうと紹介しているのです。それぞれの本の紹介（宣伝！）が終わると、ほかの生徒たちが紹介者の言葉の選択やプレゼンのよかったところを指摘して、称賛します。生徒たちが提供するフィードバックには、次のようなものが含まれていました。

・効果的な言葉を使っていました。
・単刀直入に言っていました。
・言い方がよかったです。感動しました。
・心に響きました。

これらのフィードバックは、教師によって提供されたものではありませんが、確かに教師が提供しているものを土台にしています。まだ年度の早い時期ですが、生徒たちのコメントは発表の具体的な特徴に焦点を当てています。年度が進むにしたが

って、彼らのフィードバックはより一層焦点化され、効果的になるでしょう。

幼稚園のクラスでは、タティアナが難しい単語を自己流のスペル(2)で何とか書き上げたところです。それを、教師のところに持っていきました。教師は、ほかのクラスでよく言われる言葉、「いい子ね」とも「がんばったわね」とも言いませんでした。その代わり、「どのようにやったのですか?」と尋ねたのです。

その質問に対してタティアナは、自分が努力したことを話さなければなりません。その過程で、望ましい結果をもたらすために、自分が行動し、選択したというナラティブ(自分なり物語)を詳しく述べることになります。このような主体的なナラティブは、戦略的な行動をすることによって、自分は物事を成し遂げられる人間だというアイデンティティーを養う効果があります。

さらに教師は、「そのことをアントンに話すべきです」と熱心に伝えました。

タティアナはアントンのところへ行ったところ、アントンが「どうやったの?」とタティアナに尋ねました。その質問はタティアナに再び主体的なナラティブをすることを求め、実際、アントンとその方法を共有したのです。

(2)「自作のスペル」のことで、従来は単なる間違いとして片づけられていましたが、今は正しいとされる(慣習的な)スペルが書ける前段として、前向きにとらえられる傾向が強まっています。日本でも、漢字に対してそのようなとらえ方ができたら、救われる子どもがかなり増えると思います。

本章では、教師と子どもたちの具体的なやり取りと、形態の異なるフィードバックのあり方について、私たちは何を知っているのかを探究していきます。私が選択したやり取りの事例は、子どもたちが受け取るフィードバックの多くはクラスメイトからのものである、という事実が反映されたものとなっています。

私たち教師は、単に子どもたちへフィードバックを提供しているのではなく、その仕方を同時に教えているということを認識すべきです。ある意味、私たちは、いつでも子どもたち同士が互いに学び合えるようにしているということです。

もし、子どもたちが効果的なフィードバックを提供することができれば、みんながよりたくさんのフィードバックを得られることになります。さらに、それらのフィードバックは、教師が言うのを待つのではなくて、クラスメイトが即時に提供してくれることになります。よりたくさんのフィードバックは学びを改善します。遅れて提供されるフィードバックよりも、即時に提供されるフィードバックのほうがはるかに効果的なのです［参考文献70参照］。

積極的にフィードバックができるように教え、お互いに反応しあえるクラスをつくることができれば、私たちが行っている指導の効果はより高くなります。クラス内で起こるやり取りを濃密なものにし、次代を担う親や教師たちの社会的な遺伝子を変えることができるのです(3)。

過程に焦点を当てたフィードバック vs 個人に向けたフィードバック

フィードバックが子どもたちの行動に与える影響に関しての研究は、これまで数多く行われてきました。スタンフォード大学の心理学者であるデゥエック（Carol S. Dweck）らが幼稚園児たちを対象に行った実験、四種類の異なる失敗体験をするという人形遊びのロールプレイ（役割劇）を見てみましょう［参考文献93参照］。

遊んだあとにブロックをちゃんと元に戻さなかったり、おやつのあとに後片づけをちゃんとやらなかったりなど、実験内容はそれほど刺激のあるものではありませんでした。ブロックを片づけるロールプレイを例に挙げると、それぞれのグループが演じたあとに教師は次のような反応をしています。

「ブロックはすべて曲がったままだし、まだゴチャゴチャなので、あなたにがっかりしています」
「ブロックはすべて曲がったままだし、まだゴチャゴチャなので、ほかの方法を考えたほうがい

（3）　翻訳協力者から「その通り。こんなふうに言い切ってもらえると、自信がもてます。さらに自信をもってやっていけます」というコメントがありました。

いでしょう」

さらに、このあと五つ目の体験をしてもらい、それに対しては、「レゴを使ってあなたがつくった家には窓がありません」という中立的なフィードバックが提供されました。

どういうことか説明しましょう。子どもたちのなかには、四回のロールプレイで「人に対する批判」（あなたにはがっかりしています）を繰り返し体験した者と、「過程（やり方）に対する批判」（ほかの方法を考えたほうがいいでしょう）を繰り返し体験した者がいたということです。そのあとで、中立的なフィードバックを最後にもらったということです。

子どもたちは、中立的なフィードバックを体験したあとに、体験全体を振り返る質問を連続して投げかけられました。

「過程に対する批判」を受け続けていたグループは、「窓なしの家は気に入りましたか？」という質問に対して、その家に五段階評価の「3.8」という平均点数を付けました。

質問者　体験全体の感想はどうでしたか？

子ども　とてもいいです。

質問者　あなたを賢いと思わせましたか？

子ども　はい、そう思います。

質問者　いい気持ちになりましたか？
子ども　はい、なりました。
質問者　窓のない家についての話を、どういう形で終わらせますか？

最後の質問に対して子どもたちは、

「時間さえあれば、もう一度つくり直します」

「窓付きの家を別につくります」

「僕はまだつくり終わっていません。（と言って、紙で窓の形に切って）これを貼り付けることができます」

などの解決策を述べることができました〔参考文献93参照〕。

こうした子どもたちの反応が、教師が提供したフィードバックと一貫していることに気づいてください。「ほかの方法を考えたほうがいいでしょう」は、失敗は一時的なものでしかなく、主体的な解決、つまり修正可能であることを示しています。

一方、ロールプレイで繰り返し「がっかりした」と言われ続けた子どもたちは、異なる経験をしていました。彼らの五つ目の家に対する評価は、五段階評価で「2.2」でした。彼らは今回の体験を、いいとも、賢くなったとも、建設的な物語をつくれるとも思いませんでした。その代わり、彼らは泣いたりしたほか無力感を表し、「彼女は泣いて、寝たほうがいい」「教師は怒って家に帰ってしまいました」「窓がない家を見た私の姉はとてもイライラしました」「彼は、タイムを要求すべきです」などの発言をしました〔参考文献93参照〕。

つまり、教師のフィードバックが子どもたちに失敗の意味を教えているだけなので、根気よくやり抜くことに悪影響を及ぼしているということです。

ここから得られる教訓は、「あなたにがっかりしています」「あなたは、これは上手じゃないのね」「あなたは悪い子ね」といった「人に対する批判」の言葉は使わない、となります。これらは、見事なぐらいに子どもたちを消耗しきった固定マインドセットの世界に導いてしまいます。もし、子どもたちにフィードバックを提供するなら、過程と可能性に焦点を当てるようにしてください。

本書の読者が「人に対する批判」を頻繁に言っているとは思っていません。しかし、研究者たちはそう思っていないようで、成功体験を経験することと五つの異なる褒め言葉を使った実験を行いました。五つのグループに分けられた子どもたちは、それぞれ四回の成功体験をしたうえで次のようなコメントを言われました。

グループ1――とてもいい子だね。
グループ2――あなたを誇りに思っています。

グループ３——あなたはこれが得意ですね。
グループ４——とてもがんばったね。
グループ５——いい方法を見つけたね。ほかにいい方法を見つけられますか？

四回の成功体験のあと、子どもたちは失敗の体験に遭遇しました。そして、「（あなたが描いた）バスにはタイヤがありません」という中立的なフィードバックが提供されました。

分かったことは、最初の三つの褒め言葉である「とてもいい子だね」「あなたを誇りに思っています」「あなたはこれが得意ですね」は、「人に対する批判」と同じ効果をつくり出したということです。つまり、「あなたを誇りに思っています」というフレーズには、「あなたにがっかりしています」と言う場合と同じ効果があるということです。

言葉がもつ裏側の意味を考えなくてはなりません。要するに、「誇り」と「がっかり」に潜む意味を強調することによって、私たちは子どもたちを悲惨な会話に引きずり込んでしまうことになるのです。要するに、彼らが成功したときに「あなたを誇りに思っています」と言ってしまうと、その反対のときに言われる言葉を彼らは自分で埋めてしまい、失敗したときに言われる「がっかりです」という言葉が予想できてしまうわけです。

そうなると、私たち教師は何も言う必要がなくなってしまいます。教師が「人を評価しているんだ」ということを、彼らはすでに学んでしまっているからです。

先の三つに対して、あとの二つのフィードバックである「とてもがんばったね」と「いい方法を見つけたね。ほかにいい方法を見つけられますか?」は、過程(プロセス)の異なる点に焦点を当てています。それは人ではなく、「努力」と「方法」という過程です。

両方とも、自分が行ったことに満足感を与え、自分は有能だと思えますし、たとえ失敗しても問題を解決するために建設的な行動をとれるという結果を子どもたちにもたらすことになります。これから得られる教訓は、「人に対しては褒め言葉を使うな」です。その代わり、過程に対するフィードバックを使うのです。

第8章でも扱いますが、この研究のもう一つの大事な側面は、道徳的な成長に関するものです。子どもたちは、クラスに入ってきた転校生が起こした次のような出来事をイメージするように言われました。

「あなたのクレヨンを盗み、あなたの紙に落書きし、そしてジュースをこぼしました。それから彼/彼女は、あなたの名前を呼びました」[参考文献93]

そして、転校生がそんな振る舞いをこれからも続けるのかどうか、と尋ねられました。

過程に焦点を当てる子どもたちは、悪い行いは変わる可能性があると予想しました。人に焦点を当てる子どもたちは、振る舞いは変わらないと判断しました。さらに子どもたちは、想像上の転校生は授業中にたくさんの課題で間違いを起こすと伝えられ、その生徒が悪いからかどうかについても尋ねられました。

過程を重視する子どもたちは、間違いは悪さを示すものではないと答えましたが、人を重視するフィードバックを受け続けた子どもたちは、彼が悪い子どもだと答えました。人に焦点を当てたフィードバックが、子どもたちを固定マインドセットの世界に引き込んでしまったのです。

以上の点に関して、別の説明をしておきましょう。

人として子どもを判断してしまうとき、それが称賛であろうと批判であろうと、私たちは子どもたちに同じことをするように教えていることになります。子どもたちは、自分とほかの子どもたち（や大人たち）を判断することを学んでいるということです。そして彼らは、条件付きの自尊心を身につけてしまいます。つまり、成功したときだけ、できたり、よかったり、価値があったりする、と思うのです。

一方、過程ないし努力に焦点を当てたフィードバックをもらった子どもたちは、同じような影響を受けることはありません。彼らは、想像上の転校生を悪い子だとは思いませんでした。そして、常に同じように行動するとも考えませんでした。彼らはダイナミック・マインドセットを受け入れており、変わることは当たり前だと思っているのです。

言葉の違い

驚くほど小さなフィードバックの違いが、極めて大きな違いをもたらします。フィードバックそのものが、子どもたち（私たちも）が固定マインドセットの世界にいるのか、それともダイナミック・マインドセットの世界にいるのかを左右するからです。(4)

別の事例を紹介させてください。先に紹介したものと同じようなロールプレイを使った実験です。違っているのは、指人形を使っているところだけです。

デュエックらは、四歳と五歳児を対象にして、「あなたはいい描き手だね」と「あなたは描くのをがんばったね」と言ったときの違いを比較しました［参考文献31参照］。ほかの実験と同じように、ここでも四つの成功した状況からはじまりました。

子どもの持っている指人形に、パイプブラシを鉛筆の代わりにして想像上の物体を描くように、と教師が言いました。それぞれの状況設定の最後、半分の子どもたちは「あなたはいい描き手だね」と言われ、残りの半分は「あなたはがんばって描いたわね」と言われました。そのあとで、以下の四つのことを評価するように尋ねられました。

❶描くことがどれくらい楽しかったか

❷描くことを楽しんだか、それとも悲しかったたか
❸描くことが得意だと思わせたかどうか
❹自分をいい子と思えたかどうか

想像通り、成功体験だけのあとでは違いは出ませんでした。
その後、子どもたちは二つの失敗したシナリオを演じました。その失敗に対して、教師が「猫には耳がありません」と「バスにはタイヤがありません」という中立的なフィードバックを両方のグループに行いました。この失敗体験のあと、子どもたちは先ほどとまったく同じ四つの質問をされました。

それぞれのケースにおいて、「あなたはいい描き手だね」という人に対する称賛を受け取った子どもたちは肯定的な反応をしませんでした。それに対して、「あなたはがんばって描いたわね」という過程を重視したフィードバックを受けた子どもたちの反応はより肯定的なものでした。とくに違いが目立ったのは、「描くのが楽しかったか、それとも悲しかったか」という質問への反

（4）翻訳協力者から「教師自身が、ダイナミック・マインドセットであることがかなり重要。固定マインドセットの教師のいかに多いことか！　管理職も！」というコメントをもらいました。

応でした。

デゥエックらはそこで終わらず、さらに質問をしたのです。子どもたちは、「違う日にまた描けるときはどちらの絵を描きたいか？　それともほかのことをしたいか？」と尋ねられたのです。

称賛を受けていた子どもたちは、チャンスが与えられても描くことは選ばないだろうし、もしチャンスが与えられたら絵を描くか、描くのであれば、自分がすでに成功している絵を選ぶだろう、と答えました。それに対して、過程に対するフィードバックをもらった子どもたちは、また描くことと、描くこと以外のことに対してもより興味を示しました。

最後に子どもたちは、失敗のシナリオについて、「そんなとき、どうしますか？」と尋ねられました。デゥエックらは、指人形を「直す」などといった、より建設的な問題解決の方法をどの子どもたちが取るのかに興味があったのです。

称賛を受けていた子どもたちは解決策を出すことができず、「立ち去る」といった反応を好みました。一人の子どもは、「泣くと思います。たぶん、バスに付けなかったタイヤと、猫に付けなかった耳のせいで」［参考文献31参照］と言いました。

言い換えると、自分のパフォーマンスは不変の質、知性、描くこと（あるいは、ほかのすべて）で優れていると思い込まされるフィードバックを受けた子どもたちには、深刻な副作用があったということです。そのなかには、活動をあまり楽しめず、困難に出合った際に立ち直る力が弱く、ほかの状況での活動を選ばない傾向が強く（新しいことに挑戦することが少ない）、自分自身と他者をすぐに評価しがちとなり、自分の体験を説明する際に非建設的なナラティブ（物語）をつくり出すといった傾向などが含まれます。

これらは、さらにほかの影響をもたらすことにもなります。たとえば、出来事の説明の仕方に私たちが使う特定のナラティブ（語り）のスタイルが、鬱の症状をもたらしやすいということです［参考文献163参照］。

これらの研究で私にとってもっとも印象的だったのは、特定のフィードバックの仕方が極めて強い影響をつくり出しているということです。これらのパターンの影響は、学校で子どもたちが過ごす期間を通じて拡大していくのです。それゆえ、影響が及ぼす範囲についても私たちは考える必要があります。それには、子どもたちの思考、感情、失敗したときの立ち直り具合、そして他者との関係のもち方などが含まれます。

明らかに、過程と努力に向けたフィードバックがより良い選択となります。実際、努力は過程に含まれると言えます。試すことは成功することよりも大切です。先の実験では、努力と過程のフィードバックは同等の影響をもっていましたが、私は可能なかぎり過程のフィードバックを使ったほうがいいと思っています。

第一に、過程のフィードバックは、子どもたちに成功したことや失敗したことを使って説明させる習慣をもたせることになります。この説明のほうが、努力をもとにした説明よりもリスクが少なくてすみます。その理由は、努力は常に十分ではない可能性があるからです。それに、子どもが最善の努力をしているのか、まったく努力をしていないか分からないからです。

第二に、過程に関する話がクラス内でのやり取りの一部になれば、教師が意図的にしなくても、より多くのさまざまな方法に関する指導が偶発的に起こることになります。「ほかにもそれをやれる方法が考えられますか？」と尋ねると、さらにいいでしょう。なぜなら、それがほかの方法を考えるきっかけになり、柔軟性をもたせることができるからです。一つの方法が役に立たないときは、ほかの方法でできるかもしれないという考え方を身につけることができるのです。

褒めることへの批判

アメリカでは、「子どもたちをたくさん褒めるべき」ということが常識になっています。特に、ほかの子どもに比べて成功していない子どもたちには、セルフ・エスティームを上げるために大切だと思われています。このことについての事例を、私は「ReadWrite Inc.」というウェブサイトにある保護者宛の手紙で見つけました。[5]

その手紙には、次のようなアドバイスが提供されていました。

「子どもたちは、継続的に褒められるとより早く学ぶようになることを覚えておいてください」

「常に子どもを褒めてください」

「これ（英語の文字と音の関係のルール）は多くの子どもにとって難しいので、たくさんの褒め言葉を提供してあげてください」

すでに読者のみなさんには、この種のアドバイスに対しては慎重になるように私は注意を促してきました。少なくとも、あなたが褒めるときには、どのような種類の褒め言葉を提供するかを考える必要があります。それゆえ、ここでは褒めることに関する注意を提供したいと思います。

図4-1に見られるように、公の場で褒めることにはリスクを伴います。公の場において、一人の子どもに「いいです」と言い、ほかの子どもに「すばらしいです」と言ってしまうと、「いいです」の価値が即座に下がってしまうのです。さらに悪いことは、それが「気のない褒め方」であると思われることです。

（5）　著者は https://www.oxfordowl.co.uk/for-home/find-a-book/read-write-inc-phonics-1/ で見つけたようですが、手紙は見つけられませんでした。

図４－１　いつも「いい犬」だけど、「最高の犬」じゃない。

もちろん、個別に褒めることにも問題があります。もし、活動に没頭している子どもに対して褒めてしまったら、行っていることから気を散らしてしまうことになります。そして、発言者が満足することに焦点を転換させることになります。

過程に焦点を当てた褒め言葉でさえ、そうなりかねません。たとえば、「私はあなたが○○したことを気に入っています」といった言い方でフィードバックをすることがあります。この言い方によって、過程に焦点を当てることを確実にしたいからです。というのも、過程に焦点を当てることで、成功や失敗について説明する主体的なナラティブ（語り）が可能になるからです。

それが、固定的な枠組みで行われる説明か

ら焦点をそらしてくれるわけですが、「私は◯◯を気に入っています」という言い方は、実はそれほど効果的ではないのです。主体的なナラティブ（語り）を提供する代わりに判断を提供しており、子どもにとって重要なことは、大人であるあなたを満足させることだとほのめかしているだけなのです。褒める代わりにできることを考えましょう。

褒める代わりにできること

先ほどの言葉の代わりに、「あなたが◯◯したことに注目してみよう」と言ってみたらどうでしょうか。この言葉は、子どもたちの焦点を固定マインドセットの説明から過程に転換させることを意味します［参考文献97参照］。さらに好ましい言い回しは、「あなたの作文に対話を加えたことによって、エイミー（主人公）の気持ちがどのようなものなのかよく理解できるようになりました」などです。

これは、「褒め言葉」というよりも因果関係を明らかにする発言です。あなたはこれをした（対話を付け加えた）ので、その結果が得られました（主人公の気持ちが理解できた）、ということです。

原因の過程を示す発言は、主体性を構築する鍵となります。それは、過程の結果を示し、子どもが異なる状況で似たような結果を得るために再び使うことができるツールとなります。すばらしい本である『*Talking, Drawing, Writing: Lessons for Our Youngest Writers*（話すこと、描くこと、書くこと～最も若い書き手たちへのレッスン）』［参考文献73・未邦訳］に紹介されていますが、幼稚園児が描いた絵にまつわる以下のやり取りを考えてみてください。

やり取りの前日、「読者が自分の物語を理解しやすいようにするために、何を加える（変える）必要がありますか？」といった質問を自らにすることで、書き手である子どもたちが書き直すことについて話し合っていました。

ジャナーヤは、自分の作家ノートをクラスのみんなに見せることに同意しました。教師がジャナーヤに、自分が書いた物語を紹介するように言いました。彼女が紹介したあとに、教師は次のようなやり取りをはじめたのです。

教師　昨日、ジャナーヤが描いていたのは次のような絵でした。ここにはあなたの絵があって、こちらにはあなたのお父さんの絵がありました。そして、あなたの友だちの家がここでしたね？　それから、ジャナーヤは何か所か描き足しました。（黄色い車を指しながら）これを描き足しましたね？　これについて話してください。

ジャナーヤ　これはお父さんの車で、私を迎えに来たときに乗っていました。
教師　ああ、お母さんが友だちの家にあなたを連れていったのね？
ジャナーヤ　（青い車を指しながら）これがお母さんの車。車で仕事に行くところです。
教師　ああ、それはお母さんの車だったのね。それも描き足したのね。あなたを途中で降ろして、仕事に行ったのね？（ジャナーヤがうなずく）さらに、ここにも書き足したものが見えます。お父さんが立っているところです。ぜひ、話してください。
ジャナーヤ　これは、みんなが歩くところです。
教師　歩道ね？　実際の歩道に描いてあるように、線が見えます。あなたを迎えるために、お父さんは車から降りたのね。そして、歩道に立っているところ！（ジャナーヤがうなずく）
教師　みなさん、この物語がどこで起こっているか分かりますね？　歩道、花、家の外、車などが見えますから、物語は外で展開していることが分かります。そして、人々についても分かりますね？　これはジャナーヤで、こっちはお父さんだということが分かります。あのね、ジャナーヤ、描かれている人たちが誰かを教えてもらう前に、私にはこれが誰なのか分かりました！（ほかの子どもたちのほうを向いて）なぜ、私に分かったのでしょうか？
子どもたち　彼女は小さくて、もう一人は大きいから！　彼女はワンピースを着ているから。
教師　そうね。彼女は小さいから、これがジャナーヤで、彼は大きいから、こっちはお父さんね。

でも私は、髪の毛で、それがジャナーヤだと分かったのです。ポニーテールにしているあなたの髪そっくりに描きましたね。そして、お父さんの髪もこんなだと確信します！（ジャナーヤはうなずく）あなたは自分を小さく、そしてお父さんを大きく描くことで、お母さんかお父さんと一緒にいる子どものように、誰もが分かるようにしたのね。

教師　（絨毯に座っている子どもたちを見ながら）私が何を考えているか分かりますか？　ジャナーヤは、お母さんが送ってくれたこと、外で遊んだこと、そしてお父さんが車で迎えに来てくれたことを読者に理解して欲しいんだと私は思いました。ジャナーヤは、読者が分かるように描き足したのです。人の髪は実際のように、本当に着ている服のように、そして車や花が見えるので、すべてが家の外で起こっていたように。

ジャナーヤ、あなたが人の顔を塗らなかったことにも気づきました。肌の色を本物に似せて描けるように、缶の中には何種類もの色彩が入っていることを忘れないでくださいね。

このやり取りのなかに褒め言葉は一つもありませんが、子どもはこのような会話を通してとても肯定的になり、自信をもち、そしてやる気が増しました。それには、いくつかの理由が考えられます。

一つ目は、読者に伝えようとする描き手の選択に対する有効性を教師が示し続けたことです。

二つ目は、教師の観察はすべて意図的に、結果を大切にする判断ができる描き手としてジャナーヤをとらえていることです。また、彼女の作品を真剣にとらえて敬意を示しています。三つ目は、いいか悪いかはまったく判断せずに、このクラスでは人を判断しないことが当たり前なんだ、ということを教師はモデルで示しています。その代わり、人はなぜ、そしてどのようにするのかということについて考えています。

また、判断しないことで、教師は決して子どもの上にいるのではなく、彼らと対等な関係にあると位置づけています（子どもが立っているそばで、顔が同じ高さになるように膝をついています）。この点はとても重要なことなので、あとで触れることにします。

四つ目は、「ジャナーヤは〇〇をしたので、私たちはより良く理解することができます」という因果関係と、意図的なナラティブ（語り）を教師が繰り返し言っていることです。この言い方の裏側には、前日に言った「読者が自分の物語を理解しやすいようにするために、何を加える（変える）必要がありますか?」という言葉の存在があります。

そして、最後の五つ目として、教師はジャナーヤ（や話を聞いている子どもたち）に、より本当らしく見えるようにするために顔に色を塗るといった、ほかの意図的な方法を試すようにすめていることが挙げられます。

一年生のクラスで、ある子どもがほかの子どもたちにビッグブック（七一ページ参照）を読んでいるとき、ポインターを使って言葉を指し示している光景を見たことがあります。確かに、集中してそれを行っていました。終わってから自分の席に戻りましたが、教師が「いい子です」とか「うまくやれました」と言うのかと私は思っていました。しかし彼女は、単に「ありがとう、ラモン」としか言いませんでした。

褒め言葉を言われるのと同じくらい、「ありがとう」と言われたことで彼は胸を張っていました。「ありがとう」という言葉は何の判断も提供してくれませんが、いいことをしたことは認めています。さらに、褒め言葉がつくってしまったかもしれない不均衡な力関係を築いていません。実際のところ、「ありがとう」という言葉は、彼がしたことがクラスにとっては貢献しているということを認めているのです。一方、「いい子です」は、ラモンやほかの子たちがしたことを、教師がその出来を判断する立場にあるパフォーマンスとしてとらえられてしまいます。その言葉は、結果的に、子どもたちを固定マインドセットの世界に導いてしまうのです。

褒め言葉には、力とコントロールが結びついているのです。褒め言葉を提供する人がより重要であれば、その言葉のもつ重みも増します。褒め言葉はまた、不安感ともつながっています。自分がしていることに恐れをもたない人にとっては、褒め言葉の影響力はあまりありません。したがって、誰かがあなたの基本的な算数の知識を褒めたとしても、あなたはそれをまったく気にすることがないでしょう。

一方、あなたが不安を抱いていたことに対して褒められたときは（「あなたは最高の教師／書き手／歌い手／描き手／演奏者です」など）、あなたは褒め言葉を受け入れて、いい気分になるはずです。しばらくは最高の気分です。しかし、長期的には、それがもたらす固定マインドセットの枠組みによって他の悪い結果をもたらすかもしれません。少なくとも、他人が常にあなたを判断していることに気づくことでしょう。

褒めることとプラス思考

幸いなことに、教師の多くはプラス思考です。それに、共感的でもあります。私たちは、世界に、自分自身に、そして他者に対して子どもたちが肯定的になれるようにしたいと思っています。子どもたちが肯定的に考えられないと感じたとき、私たちは何とかしたいと思うものです。

彼らがもがいているのを見ると、私たちは気まずい思いをします。とくに、出来の悪い子どもがそういう状態にあるときは、素早くサポートを提供してしまい、もがいて成功させるだけの時間を与えないものです。

さらに私たちは、彼らのセルフ・エスティームを高め、彼ら自身のことを肯定的にとらえられるようにするために褒め言葉を投げかけたくなります。そうなると、子どもたちはすぐに同じパターンを自分でも行うようになります。

以下のケースでは、特別支援教室の高校生であるサムソンが、読みの個別指導者であるエリンにコントロールしてもらうように仕向けていました。サムソンは、指導者であるエリンに判断させたり、自分のことを褒めさせたりするように仕向けたのです。しかし、エリンはそのような彼の計略には乗らず、彼女のためではなく自分のために読むように促しました［参考文献121参照］。

私たちは、肯定的になることを褒めることととらえがちですが、このようなやり取りは、褒め言葉がないにもかかわらず、極めて肯定的なやり取りになっています。エリンと取り組むことで、サムソンはより熱中して読むようになりました。二人のやり取りから、肯定的で大事なことは、部分的には相互の関係であり、残りはやり取りが行われる枠組みだということが分かります。

別の例を紹介させてください。

書くことを指導する人たちの間で共有されていることの一つに、カンファランスを行う際、一つの批判に対しては少なくとも二つの肯定的なフィードバックを提供する、というのがあります。しかし、これは、固定マインドセットの枠組みのなかだけにおいて妥当な問題解決の方法だということが分かると思います。子どものセルフ・エスティームを取り上げたうえで、批評によって

表４－１　サムソンと個別指導者であるエリンとのやり取りの分析

スピーカー	発言内容	分析
エリン	さあ、本を持って。あなたは、「青いトラックいまが止まった」と読みました。	間違いを指摘する代わりに、教師は生徒が自分でそれを見つけられるように期待を示した。
サムソン	それは、おかしいな。でも、何が違うのか分からないや。これって「いま」？	生徒は短い間、問題解決をしようと努力をするが、すぐに教師に解決してもらうように投げかける。
エリン	あなたはどう思うの？	生徒の投げかけに応じず、生徒に考えさせる。
サムソン	はい。	生徒は自分の質問に正しく答える。
エリン	そうね、何が起こっているのか考えて、もう一度その文章を読んでみよう。その単語の最初の文字だけでなく、全部をちゃんと見て、自分が読んでいる言葉と合っているか確かめてみて。	生徒がしたことを褒めるのではなく、教師は方法を提供する。
サムソン	（読みながら）青いトラックがいま通り過ぎた、だ。正しいでしょ？	生徒はその方法を使って、問題を解決した。そして、教師に褒め言葉を言って欲しいと願う。
エリン	物語の流れとその言葉は合ってる？	教師は生徒の招きには乗らずに、自分でモニターできる方法を紹介する。
サムソン	ウン、そうだね。	生徒は正しくモニターできた。
エリン	それじゃ、続けて。	教師は続けて取り組み、生徒自身がコントロールすることに焦点を当てているので、褒め言葉を提供しない。

傷つけるというわけです（つまり、少し喜ばせたあとなら聞く耳をもつだろう、というわけです）。

すでに見た通り、固定マインドセットの枠組みでは、混乱や失敗した方法についてのフィードバックは個人的な批判として解釈されやすいことを私たちは知っています。固定マインドセットの枠組みでは、間違いや失敗は能力に対する非難ととらえられるのです。それに対してダイナミック・マインドセットの枠組みでは、子どもの目標は学びであり、目標を達成するためには必要なチャレンジを受け入れるのです。

子どもが学ぶという目標を設定していれば、自分がつくり出したものに対する「この家には窓がないです」といったような批判も、やる気を削いだり、していることに対する満足感を損なわせたりすることはありません。指摘は、問題を解決するための引き金となるだけです。要するに、保身に駆り立てるようなことが一切ないのです。批判を個人的なものととらえず、学ぶためのチャンスととらえるからです。

ダイナミック・マインドセットの枠組みでは、問題を見いだして、それを解決することは否定的な出来事ではないのです。この枠組みでは、セルフ・エスティームのありなしや、量は問題となりません。セルフ・エスティームとは、前掲したキャロル・ドゥエックによれば、「自分がもっているものをフルに活かしながら自分自身を体験する手段」［参考文献48］ということになります。

別の理由で、批判的なフィードバックが否定的である必要はありません。それは、否定そのものが潜在的な肯定の枠組みで位置づけられているときです。たとえば、作品と書き手に対してあなたが真剣に気にかけていることを示しながら、作品に反応したあと、潜在的な原因過程を次のような形で告げたとします。

「（あなたはこれをしました）が、もしあなたが（これを試したなら）、（このような結果を得たかもしれません）」

このような言い回しは、成長の方向性を提供しており、否定的に受け取られる可能性は低いのです。次に紹介する例は、このようなフィードバックを、批判ではなく可能性の言葉として提示したものです。

滴り落ちた、浮かんだ、漂ったなどといったあなたの動詞の選択は、あなたの詩のなかでつくり出している穏やかに揺れ動いている感覚を私にもたせてくれました。ポール・ジャネチョー（Paul B. Janeczko）の「（目を突くならぬ）私を突く（*A Poke in the I?*）」に収録されている詩のように、あなたは自分の詩をそのテーマに合わせて曲がりくねった形で表すことを考えたことはありますか？〔参考文献81〕(6)

ここで示されたように、あなたは生徒個人と、生徒の作品の両方を真剣にとらえていることを伝えることができます。そして、原因過程（これらの動詞を選択することで、こういう結果が出てきます）を明らかにしたうえで、さらなる可能性を見つけるにはどうしたらよいかについて示唆を与え、それについて選択するか否かについての動機づけ（主体性のさらなる可能性）を提供することができるのです。

次に紹介するのは、口頭ではなく文章にしたフィードバックですが、これも同様の形式になっています。

あなたの作品の読み方がとても表現豊かだったので、私はオオカミに大変興味をもちました。あなたのこだわり方が十分に伝わってきました。読んでいるときに、表情を曇らせた箇所が数か所あったことにも気づきました。それがどこか覚えていますか？（生徒が、それらの点を指摘した）

作家たちは、自分の作品をどのようにしたらさらによくなるのかを考えるために音読することがあるのですが、そのことを知っていましたか？　いくつかの方法でその文章を書いてみて、それを数回音読してみることで、その作品のほかの部分と同じように流れをよくするといったことを試してみてはどうでしょう。やってみますか？

褒め言葉を減らしても否定的なことにはならないことは、理解していただけると思います。肯定的であることは極めて大切です。とくに、否定的にならないことが大切となります。肯定的なフィードバックは、セルフ・エスティームを形成しているわけではありません。しかしながら、セルフ・エスティームの基礎になるものを肯定的なフィードバックは形成します。これが、最近接発達領域(7)がもっとも効果的な理由です。

その領域は、マリー・クレイ(8)が「部分的に正しい」と言ったことに焦点を当てることでもあります。言い方を換えると、肯定的なフィードバックがあまり成功していたとは言えない方法について、どのようなことがよかったのかを伝えるということです。

これには二つの利点があります。一つは、すでに子どもがしたことを主体的で成功した体験に転換します。二つ目は、ゼロからはじめるのではなく、すでに子どもが知っていることから指導できるということです。

---

(6)　このスタイルの詩を「コンクリート・ポエトリー」と言います。

(7)　五五ページの**表2－2**の注を参照ください。

(8)　(Matie Clay, 1926～2007)　一九七〇年代～八〇年代、ニュージーランドが読み書きの学習を世界的にリードしていた時期の代表的人物の一人です。残念ながら、彼女の著作で邦訳されているものはありません。八五ページで紹介した自己流のスペルは、「部分的に正しい」の典型例と言えます。

メリーアン・ラリー先生は、この点についてのよい事例を提供してくれています〔参考文献153参照〕)。彼女は、中学生たちが二冊の若い難民たちについての絵本〔参考文献197・198参照〕を読み、自分たちの反応を協力して書き出したあとに、詩を書くように誘いかけました。すると、ハヴィエという名前の生徒が最初に仕上げて、先生のところに持ってきました。その詩は、句読点が一つもなく、一つの文章として書かれたものでした。

彼の母語はスペイン語で、まだ英語を習いはじめて三年も経っていませんでした。ラリー先生は、ハヴィエに自分の詩を声に出して読んでみるように言いました。それを聞いた先生は、「なんと！　私には見えます。何という終わり方でしょう。もう一度読んでください」と、声を大にして言ったのです。

彼女のフィードバックは、彼の作品が読者に対して大きな影響を与えたことを示しました。とくに、終わり方のインパクトが大きかったようです！　そして、ラリー先生は、「あなたの作品から何が見えたのか、知りたいですか？」とハヴィエに問いかけま

した。それに、ハヴィエはうなずきました。ラリー先生は、ハヴィエが行ったことに注目させました。

「読んでいるのを聞いているとき、あなたは、あたかも句読点があるかのように間を取っていました。でも、詩を見たときに、句読点はまったくありませんでした。大きな声でもう一度読み直してください。あなたが読んでいるときに、句読点を差し挟んでもいいですか？」

ハヴィエの同意を得て、ラリー先生は半分ぐらいまで句読点を挟みました。そのあとで、先生とハヴィエが一緒に読み直しました。その後、ラリー先生が説明しました。

「句読点は、楽譜で言えば息継ぎのようなものです。どのように歌ったらいいかを指示しているわけです。私は、あなたの読み方をもとにして句読点を付けました。そして、途中でやめたのは、続きに関してはあなたが打てると思ったからです。ちなみに、スラッシュは改行を表します」

これらを明確にしただけなのですが、ハヴィエの作品は、確実にクラスメイトたちに大きなインパクトを与えました。ラリー先生のフィードバックは、ハヴィエが本物の詩人という前提で行われていたのです。その前提とは、次の二つでした。

❶ハヴィエが自分の作品をコントロールしている（「句読点を指摘させてもらってもいいですか？」）。

❷彼の意図を組んだ情報提供に興味がある（彼が書いたことと読んでいることを一致させた）。

これらの前提（というか配慮）によって、ハヴィエがあたかも詩人であるかのように接し、彼の詩人としてのアイデンティティーを支持する形になっていたのです。もちろん、フィードバックは誤りを修正する形で提示することもできましたが、それはラリー先生が展開したかった形ではありませんでした。

ラリー先生のフィードバックは、二歳児が両親の真似をして、水差しからコップに水を注ごうとするときと同じです。フィードバックは、水をこぼしたことに焦点を当てていません。むしろ、彼がやりたいと思ったことと、彼自身のアイデンティティーを保つことに焦点を当てています。そのうえで、次のように語るのです。

「その水差しは大きすぎるね」や「成長して、いろいろとやれるようになってきたね。でも、助けが欲しいかな？」

これは、「最初のノンフィクションの本を書き終えて、どんな気持ちがしますか？」と同じです。このフィードバックは、特定の種類の本であることを明らかにすることで、子どもを本物の書き手として認めています。同時に、強制することもなく、すでに書き手となっている子どもに、これからもっと作品を書き上げるという期待も示しています。

フィードバックの目的は、スタミナや立ち直る力、そして意欲を高めながら、概念的な理解を促進することや戦略的な選択肢を増やすことです。それは、何が可能で、それをどのように実現できるかというビジョンを広げることになります。その意味では、フィードバックではなくて「フィードフォワード」と呼ぶべきかもしれません。(9)

ここらあたりで、批判することを擁護するために少し述べておく必要があると思いますので、以下で説明をしていきます。

批判することへの称賛

これまでは、批判の問題を簡単に指摘するだけで、褒めることに関して論じてきました。しかし、褒めることと同じように、ある特定の批判は大事な役割を果たす場合もあります。ある研究者たちが、批判の創造性に及ぼす影響について研究しました［参考文献186参照］。その研究者たちは、以下の三つの影響を比較しました。

❶考えに対する批判

(9)「これこそが『指導と評価の一体化』の本当の意味と言えるかもしれません」という指摘をしてくれた翻訳協力者がいました。まったくその通りです。

❷考えを述べた個人に対する批判
❸批判なし

❶は、「その考えは好きではありません」「その考えは役立つとは思えません」「それはいい考えではありません」といった言い方です。❷は、「あなた」ないしその人の名前を付け加える形のものです。たとえば、「ピーター、あなたの考えは好きではありません」といった言い方です。

研究者たちは、個人が批判されたり、批判がまったく行われなかったりしたときよりも、考え自体が批判されたときのほうが、グループはよりたくさんの考えをつくり出し、より創造的になれるといったことを発見しました。同じことは、グループのメンバーが感じる満足度にも言えました。創造性が高まると満足度も高まるようです。

この点については、第5章と第8章で膨らませて説明をしていきます。その際に明らかになりますが、考えに焦点を当てたフィードバックは、そのなかに「なぜなら」という言葉を追加することで大幅に改善するということです。

ここで取り上げた研究者たちは、クラスメイトからのフィードバック（つまり、ピア・フィードバック）に焦点を当てていました。教えた経験のある人や学校に通う児童・生徒をもつ人なら誰でも知っているように、教師や親からのフィードバックよりもピア・フィードバックのほうがはるかに強力です。

実際、この研究者たちは、メンバーの一人が考えの発言者である個人を批判すると、それがみんなのやり方になってしまい、ほかのメンバーも同じことをしはじめてしまいました。したがって、教師が効果的なフィードバックのモデルを示し続けることも大切ですが、子どもたち同士の話し合いが変わることも同じレベルで大切だということです。この点については、後半の章で扱うことにします。

形成的評価

本章を、「これは形成的評価ではないか」と思って読んでこられた読者がいるかもしれません。まったくその通りです。「形成的」という言葉は、私たちが成長する体験をしているときに使う言葉で、形成的評価はまさに学びを形成するものなのです(10)［参考文献13参照］。

(10)　形成的評価は、テストなどの「学んだ結果としての評価」に対して「学びのための評価」と呼ばれています。この違いについては、『テストだけでは測れない！』や『一人ひとりをいかす評価』を参照してください。

形成的評価の核心は、子どもの学びの限界（自分だけではできないけれど、誰かの助けでできること）を明らかにし、その子どもが自ら成長するための行動を助けることです。もし、評価が学びに肯定的な影響を及ぼさないのなら、形成的とは言いません。

形成的評価は、教師だけの責任ではありません。最終的には、コミュニティーのメンバー全員がもっているものと互いの学びを評価して、常に前進するために必要なフィードバックを提供しあえるようになることが求められています。

しかしながら、子どもたちがどうしたらいい（修正改善ができる）のかを知っており、形成的評価の責任をとってもいいと思わせるだけの責任は教師にあります。(11)

形成的評価は、学びのコミュニティーとそのメンバー全員のものであるということを意識化するのは教師の仕事となります。また、形成的評価は学業面のみに限定されるものではありません。コミュニティーとしての学びの状態も、その対象にすべきです。(12)

後者に関するよい事例は、二五五～二五七ページで紹介していますが、確かに教師として私たちは、クラスがコミュニティーとして学業面以外の能力も形成的に評価していく必要があります。

幸いにも、形成的評価をすることは思ったほど難しくありません。クラスのメンバーがいろいろなことに気づけるような話し合いを行い、可能性に向けた変化を促すためのやり取りができれば、最良なことが間違いなく起こります。

子どもたちは、私たちが話す言葉や話し方の真似をするものです。もし、子どもたちが形成的評価をうまくやれるようにサポートしたいのなら、のちの章で論じるように、子どもたちを徹底的にサポートすべきだと提案したいです。つまり、子どもたちが互いに教え合えるようになればいいのです。子どもたちを、生涯の学び手にするだけでなく、生涯の教え手になれるように手助けするのです。(13)

(11) 日本における評価の現状は、教師が形成的評価を行っていないがために子どもたちはどうしたらよいかが分かっておらず、その責任をとれる状態にない、ということです。

(12) 具体的には、「作家の時間、思わぬオマケ」を検索して見られるようなリストが含まれています。

(13) 翻訳協力者から「これは、多人数での学びが前提となる日本の教室で活きる方法ですね。一人の教師が全員の生徒一人ひとりを時間内に見ることはほとんど不可能です。そうした状況への解決策になりそうです」というコメントがありました。多人数の児童生徒を教えることへの解決法は、生徒たち同士の教え合いだけでなく、『ようこそ、一人ひとりをいかす教室へ』で紹介されている方法を実践することでも得られます。後者のほうが多様にあります。

第5章 それを考えられるほかの方法はありますか？
――探究、対話、不確実性、違い

> 私たちの社会に蔓延している多様な視点を気にしすぎることで、見えてくるものに気づけないという機能不全は、障がいの表れと言える。（エレン・ランガー）［参考文献106］

次のような質問について考えてみてください。

①南北戦争の三つの主要な原因は何ですか？
②二〇世紀に暮らす白人男性の視点から考えて、南北戦争の主要な原因は何ですか？

質問①は、白熱した議論にはならないでしょう。あるいは、多くの学びも得られないでしょう。実のところ、脳が思考停止を起こす音が聞こえるぐらいです。これは、質問の形式にはなっていますが、「三つの主要な原因」という言い回しが、すでに正解は存在し、出される回答は評価されるということが明らかとなっています。

それに対して、質問②は異なります。白熱した議論に発展し、多くの学びも得られそうな感じがします。この質問は、最初から多様な観点があり得ることを前提にしていますし、女性、黒人男性、そして違った世紀に暮らした人々など、異なる視点との比較を歓迎しているかのようでもあります。こうした点から質問②は、不確実性を提供し、マインドフル(1)な取り組みに誘っていると言えます。

二つの質問の違いは、何が正しいのかを問う質問から、正しいかもしれないことを問う質問への転換ととらえることができるかもしれません。この違いは、いくつかの理由で極めて重要です。

一つ目は、前章の「状況が違いを生む」こととの関連で、質問②はダイナミック・マインドセット絡みの知識を出させます。

二つ目は、不確実性を提供するので、探究を可能にします。不確実性と探究が提供されると、知識をつくり出すということに関して主体性も提供されます(2)。

三つ目は、生徒たちが情報の意味を見いだすためには状況が大切だということを学ぶと、その情報と可能になり得る状況について、継続して考えるようになります。

四つ目は、異なる視点を正当化することによって、質問②はダイアローグ（対話）を可能にします。知識はつくり出され、その過程に人が主体的にかかわることを認めています。それに対して質問①は、モノローグ（独白）しかもたらしません。それは、一つの見方しか認めていません。これを対話に転換するには、「誰にとってですか？」や「ほかにも原因が考えられませんか？」といった形で、質問に内包されている主張の正当性を否定する必要があります。しかしながら、もし質問が教師などの権力をもった人によって出されたものである場合は、それを行うことは極めて難しくなります。(3)

（1）マインドフルは、「いろいろな視点から物事を捉えることができ、新しい情報などに心が開かれており、細かい点も配慮することができ、従来の枠の中に納まっているよりもはるかに大きな、人々の可能性を信じることができる」ことを指しています。それに対してマインドレスは「物事への注意を欠いたり、柔軟性や応用力のない心の状態」を指します。（『校長先生という仕事』二一八～二一九ページより）

（2）翻訳協力者から次のコメントがありました。「ここを中心に、示される四つの点はアクティブ・ラーニングを成立させるための要素にもなり得る、と思いました。アクティブ・ラーニングというと話し合いの方法などの手法ばかりが注目されますが、教師の発問の仕方だけで十分に授業にアクティブ・ラーニングの要素を導入することができるのです」

（3）これが、教師による発問が大きな問題である理由です。詳しくは、『言葉を選ぶ、授業が変わる！』の第６章を参照してください。また、第８章を中心に、その本全体が示しているように生徒たちとどのような関係を築くかがとても大切となります。

対話および対話のあるクラスからはじめて、右記の質問②の四つの点がなぜ重要かということについて少し説明を加えておきます。

対話

対話のあるクラスにはたくさんのオープン・クエスチョン(4)があり、生徒相互で広範なやり取りが展開されます。そのようなクラスでは、情報や知識が一方的には伝達されていません。そこには多様な解釈や視点が存在し、知識は異なる状況で考えられ、互いの見方や結論について異議を申し立ててもよいという空気があります。

たとえ、ある事実について同意したとしても、特定の状況におけるその適切さについては賛成しないかもしれません。第1章（一三ページ）で紹介したことですが、『一〇月のピクニック』についてやり取りをしていたマニーとセルヒオの話し合いを覚えていますか？　以下に、そのやり取りを再掲しておきましょう。

マニー　違う、違う。彼は悪かったけど、変わったんだよ。

セルヒオ　悪い人は変われないよ。彼は、みんなをバカにしていた。ゲロを吐くふりもした……。

マニー　あれは、ひどかった！

セルヒオ　でも、彼は来たくなかったから。来たくもないのに来させられているから、頭にきてたんだ。とてもきまりが悪いんだ。そんなことなら僕にもあるよ。

マニー　はじめはそうなんだけど……（ページをめくって）ここの最後を見て。彼らが帰るとき、ほかの家族を見て何かが分かったように見えるよ！

セルヒオ　見せて（と言いながら絵本をつかんで、マニーが見ていたページをしっかりと見はじめました。そして、小さな声を出しながら、そのページの文章を読みました）。分かった。おばあさんにとって、なぜ自由の女神に来ることがそんなに大事なのかに気づいたんだね。

マニー　そうなんだ。彼は理解したと思う。

セルヒオ　彼の心に刻まれたと思う？

マニー　違うなあ。いや、そうかもしれない。彼の心に刻まれたかもしれないけど、おばあさんの心に刻まれていることが理解できたんだと思う。

（４）正解が一つに限定されない多様な答え方がある、「開かれた問い」のことです。

二人の子どもは熱心に対話をしています。彼らは異なる視点をもっており、その異なる視点から意味をつくり出しています。彼らの見方は、その過程を通じて変化しています。彼らは、意味づくりに焦点を当てており、自分たちが（一時的に）つくり出した意味に対して責任をもっているのです。

二人の関係が、専門家と新米の上下関係ではなくて、釣り合いの取れた関係になっていることに注目してください。双方が対話に貢献しており、その過程で学んでいるのです。この二人が通っている学校は、ほぼ全員が給食の無料支給を受けており、高い比率で英語を母国語としていない子どもたちがいます。⑤

このようなやり取りを見ると、教育学者のニストランド（Martin Nystrand）らが対話のあるクラスの子どもたちについて明らかにした、次のことにも納得してしまいます。

「より典型的な一方的な（教師による）話が行われているクラスの子どもたちと比較して、（対話のあるクラスの子どもたちは）読んだことをよく覚えており、より深く理解しており、文学を喜び味わう側面についてより詳しい反応をすることができます」［参考文献138］

ニストランドらはまた、人種や民族、社会経済的地位、能力別クラスないし学校編成などにかかわらず、対話のあるクラスは学力差を縮小する傾向があることも発見しました。たとえば、別の研究者は、より困難なテキストの読解に、より長い時間をかける話し合いが極めて効果的であることを証明しています〔参考文献188参照〕。

　実のところ、違いがあるところや難しいところこそ子どもたちは白熱した話し合いを行い、意味をつくり出すために熱心に取り組むものなのです。そのことは、英語を母語にしている子どもたちに限定されることなく、英語を学んでいる子どもたちも恩恵を受けることになります〔参考文献156参照〕。

　これだけ得るものがあり、教師にとっても生徒にとっても楽しみなので、読者は対話のあるクラスがアメリカに充満していると思われるかもしれませんが、悲しいことに、そうはなっていないのです。

　ニストランドらは、自分たちの八〜九年生の国語のクラスを対象にした研究において、八年生では毎日五〇秒、九年生では一五秒しか対話を観察することができませんでした。もちろん平均値ですが、この数値は事実を見えにくくしています。実際は、対話をたくさんしているクラスが少数あったのですが、ほとんどのクラスではまったく行われていなかったのです〔参考文献139参照〕。

（５）　経済的に困窮する移民の多い地域にある学校の子どもたちということを暗示しています。

間もなくその理由については検討をしますが、今は、教師が参加する形の対話のあるクラスがどのように「聞こえる」かについて考えてみましょう。(6)

マリア・ニコルズ（Maria Nichols）(7)が、チェリル・マクマーン先生が担当する五年生のクラスで『*Stealing Home: Jackie Robinson: Against the Odds*（ホームスチール、ジャッキー・ロビンソン――強い抵抗にもかかわらず）(8)』という絵本を読んだあとの対話を紹介しています［参考文献134］。

この本は、アフリカ系アメリカ人のプロ野球選手として、初めて大リーグのブルックリン・ドジャーズ（現ロサンゼルス・ドジャーズ）と契約したジャッキー・ロビンソンについて紹介したものです。ドジャーズの監督は、予想される人種的中傷ややじの嵐のなかでも「自分を抑えられる腹の据わった選手を探している」とコメントしていました。生徒たちの話し合いは次のようなものでした。

ジョシュア　監督は「腹が据わっている必要がある」と言っていたけど、それは勇気があるという意味だ。なぜなら、白人たちは彼がプレーすることを望まないから。

マクマーン先生　それでは、ジャッキーはなぜ同意したと思いますか？　私たちに教えてくれていることは何でしょうか？

ジョシュア　プレーできるように、ジャッキーは「はい」と言いました。

ジョナサン　いや、いや、僕は……。

マクマーン先生　ジョナサン、あなたは違った考えがあるようですね？

ジョナサン　（うなずいて、違う考えをもっていることを知らせる）

マクマーン先生　ジョシュアの考えを先に掘り下げたいので、あなたの考えを忘れないようにしてね。新しい考えに移る前に、ジョシュアの考えをもう少し聞きましょう。それが理由だと、あなたはどうして思うのですか？

ジョシュア　ジャッキーは大学ではスター選手でしたが、人種差別があるのでチームに入るのが難しいからです。

（６）欧米では、いい状態がどのように見えたり、聞こえたり、感じたりできるかで表すことが多くあります。そうしておけば、それらを再びつくり出せる可能性が高まるからです。

（７）サンディエゴ教育委員会に所属するスタッフ・ディベロッパーです。日本でいうと指導主事になりますが、仕事の仕方は大きく異なります。

（８）残念ながら、この絵本は翻訳されていませんが、『ジャッキー・ロビンソン―人種差別をのりこえたメジャーリーガー』（近藤隆夫、汐文社、二〇一三年）をはじめとして、本人の自叙伝など何冊かの伝記が出ています。

マクマーン先生　ほかのみんなはどう思いますか?

ケイラ　その時代はそういうもんだったと書いてあります。だから彼は、プレーするチャンスをつかむために「はい」と言いました。それまで、彼はチャンスすらもらえませんでしたから。周りの人は、彼が黒人なので、スターかどうかなんて気にしませんでした。

ジョナサン　でも、ケイラ、彼は……彼は……その通り、プレーしたいと願っていたと思います。でも、マーティン・ルーサー・キング・ジュニアと同じです。彼は、常に戦っちゃいけないと言っていました。本に書いてあります……。

テレシア　それって、『むこうがわのあのこ』(9)(子どもたちはその本を読んで、考えて、話し合ったばかりでした)と似てるね。この本では、壁について言っているけど、『むこうがわのあのこ』に描かれているフェンスと同じだ。ジャッキーは、差別があってはいけないということを知っていたんだ。

マルタ　その通りね。それについては考えてなかったわ。

マクマーン先生　あなた方は、自分を抑えるということに、なぜジャッキーが賛同したのかということについて新しい考えをつくり出しましたね。(サークルに座っているみんなに問いかけるように)この考えについて、みなさんはどう思いますか?

ベン　テレシアが言ったことは理解できませんでした。

マクマーン先生　誰かが言ったことを理解できないときは、それについて説明を求めることがあなたの責任であるということを覚えていますか？

ベン　（テレシアを見ながら）あなたが言おうとしていることが分かりません。

ここで紹介した部分はクラスにおけるやり取りの一部でしかありませんが、すでに対話が起こっていることは分かります。対話をつくり出すためにマクマーン先生が使った方法について考えてみましょう。

先生の介入がないところで、四人の生徒が発言に対して反応していました。ほとんどのクラスでは、生徒たちは教師を通して（介して）話し合いを行っています。しかし、マクマーン先生は、その役割を回避しています。どうして、それができるのでしょうか？

まず彼女は、「あなた方はどう思いますか？」といったオープン・クエスチョンを使って生徒たちに尋ねています。生徒たちが「考えていること」を追究することによって、彼女は事実ではなく、「下書きレベルの考え」を出してくれるように求めています。それは同時に、第６章で取り上げる、子どもたちの「人の心を読む力」（クラスメイトの頭の中を推測する能力）をつける

(9)　ジャクリーン・ウッドソン作、さくまゆみこ訳、光村教育図書、二〇一〇年。

ことを助けています。

二番目は、彼女はみんなが反応できるように十分な時間を提供していました。そして三番目として、彼女は子どもたちの考えを評価しませんでした。彼女は「はい」とも「いいえ」とも言いませんでした。その代わり、「ほかのみんなはどのように思いましたか?」や「この考えについて、みなさんはどう思いますか?」といったように、みんなの反応を求めました。

四番目として、誰にも指名をしませんでした。それは、自分をコントロールする役割に据えないという助けにもなっていました。

五番目は、それぞれの子どもたちの反応をよく聞き、真剣に受け止めていました。そのことは、彼女がやり取りのなかで子どもたちが言ったことを「……なのですね」というような言い回しで確認していることからもうかがえます。それはまた、彼女がジョナサンに、「ジョシュアの考えを先に掘り下げたいので、あなたの考えを忘れないようにしてね」と言ったことからも分かります。

そして彼女は、自分たちには一つずつの考えしか掘り下げることができないという、その理由もしっかりと伝えています。言い方を換えると、マクマーン先生は生徒たちを、聡明で、しっかりと考えることができ、自分たちで順番に話すことができ、自分がして欲しいことをできる存在として生徒たちを扱っているということです。

最後の六番目として、考えを検討してもらいたいときは、不確実性を示すと同時に、自分の地位に基づく権限を減らすために、（「私は……が気になっています」や「ジャッキーは……なんでしょうか？」のような）ためらいがちな言い回しを使っていたことが分かります。

これらすべての判断が、教師をコントロールする立場に置かず、子どもたちと均等な力関係に置くことに役立っています。その結果、生徒たちは教師の注目を得るために競争する必要はない、と考えているのです。

とはいえ、彼女の発言のあとに、ベンが「テレシアが言ったことが分からない」と言いました。そのときマクマーン先生は、それは彼とテレシアとの問題であることを指摘しました。それによってベンは、テレシアのほうを向いて、より明確な説明を求めることができています。

ベンは、将来的に同じことが自分にもできるチャンスが広がっただけでなく、他者の考えを真剣に受け止め、貢献できる考え手として敬意を示すこともできるでしょう。同時に、ほかの人の言わんとしていることをしっかりと理解しようとする行為が習慣化すれば、彼の「人の心を読む力」や「社会的なネットワークを築く力」も伸ばすことになるでしょう。私たちがまだ理解できないことは、単に断絶を表しているだけなので、それはまさに新しいことを学べる可能性ともなるのです。

このやり取りのなかでマクマーン先生は、生徒たちに自分たちは誰であるか、そして何をしているかというナラティブ（語り）を提供しています。彼らは、さまざまな考えを掘り下げているのです。それには全員の参加が必要ですし、みんなに対して敬意が示され、しっかりと貢献できる考え手として存在していることが重要となります。

しばらく子どもたちに話をさせてから先生は、みんなの考えから現れてくる可能性を次のようにまとめることで、知的な課題が共有できたことを示しました。

私たちには、二つの異なる見方がありました。ジャッキー・ロビンソンはプロのチームで野球ができるように自分を抑えることに同意したという立場と、人種差別は間違っていることを証明するために同意したという立場です。ほかのみなさんはどのように思いますか？

彼女が次にしたことは、生徒たちに隣の人と話し合い（ペア・トーク）、その過程で互いを真剣に受け止め[10]、そして、自分たちの考えをより明確にするように促したことです。それによって、ジャッキー・ロビンソンの考えを想像させる、人の心を読み取ろうとしたのです。

三〇三〜三〇七ページに掲載した**資料A**で、このやり取りの詳細を示しています。また、そのようなやり取りを可能にする方法については**表5-1**にまとめておきました。

マクマーン先生のクラスの話し合いから分かるように、本は、単に子どもたちに楽しみや言葉

表５－１　教師と生徒の力関係を均等にするための方法

- オープン・クエスチョン（答えが多様にある質問）をする。
- 不確実性を強調する言葉を使う――例えば、たぶん、疑問に思うなど。
- 十分な間を取る（考える時間を提供する）
- 考えを評価しない――例えば、はい、いいです、正しいですなど。
- 教師の助けなしに、クラスのメンバーが順番に話せるようにする。
- 生徒の発言を繰り返し言わない。
- 生徒自身が言ったことではなく、パートナーが言ったことをクラス全体に紹介してもらう。
- 教師を介してではなく、生徒たち同士で話し合えるようにする。
- 自分たちで話し合え、互いの反応が見えるように、生徒たちをサークルになって座らせる。
- サークルの中でも外でも、自分を生徒たちと同じ目の高さになるようにする。

（注）『最高の授業』のなかでは、本書で紹介されていることの次の段階のものが紹介されていると言えるかもしれません。

の理解を促し、そこから学ぶことを教えるためのものだけではありません。本は、私たちの心を成長させるためのツールなのです。

リズ・ヤノフ先生は、一年生のクラスで「読み聞かせ」ないし「物語の時間」についての実践的な研究[11]をはじめましたが、すぐにその行為が、「いっしょ読み」ないし「本を介していっしょに考える」時間であることに気づきました［参考文献201］。重要なポイントは、教師（ないし、ほかの大人）が読み聞かせをしているという事実が、その活動の中心をなしていないということです。

マクマーン先生がどのようにして自分のクラスで対話をつくり出しているかについて説明してきましたが、私たちは「教師」という独自の世界（一方的な伝達の空間）で成長してきたので、これらの方法を使うことに困難が伴うと感じるかもしれません。また、子どもたちの発言に対して、「いいです」とか「正しいです」などと言わないというのは難しいかもしれません。

同じように、子どもたちが何か質問をしたときや子どもたちに問題を投げかけたとき、答えてしまったり、解決してしまったりすることなく、子どもたちだけで考えさせたり、問題を解決するためのサポートもなかなかできません。

教師のなかには、判断を避けるために「ウ～ン」などと言って、話し合われている内容について誰かの発言を求めるように見渡したり、時間的な猶予を長めにとって評価を避けたりする人もいることでしょう。

ある研究者は、対話とは勝つことではなく、ボールを回し続けることを目的にしたゲームのようなものだと述べています［参考文献114参照］。実際、先に紹介した子どもたちは、結果ではなく過程に焦点を当てることによってダイナミック・マインドセットの枠組みに導かれました。つまり、個々の登場人物の特徴ではなく、知識を重視した時間を共有しているのです。

彼らは知識について、つくり出せることや、異なる視点や異なる状況によって影響されることを知っているのです。さらに、理解を広げることに役立つので、異なる視点を当然のものとして受け入れて大事にしています。

映画監督のロバート・アルトマン（Robert Altman, 1925～2006）は、「もし、あなたと私がすべてについて同意するなら、どちらか一人は必要ないことを意味する」と言っていました［参考文献94］。人の特徴について固定的な見方があるのと同じように、知識の特徴にも固定的な枠組

---

(10)　しっかり傾聴し、必要に応じてオープン・クエスチョンで相手の考えを明確にさせながら、という意味です。詳しくは、二四九～二五〇ページを参照ください。

(11)　残念ながら日本では、読み聞かせのやり方がこのような形で行われているケースは稀です。読み聞かせの多様な方法を紹介している『読み聞かせは魔法！』を参考にして、やり方（子どもたちとの異なる時間のもち方）の幅をぜひ広げてください。

みがあります。**表5‐2**では、それら二つの枠組みを比較しています。

対話のあるクラスの生徒たちは、話し合いは人を惹きつけ、そこから得るものも多いためにそれを大切にしています。実際、ある研究者が、そのようなクラスの子どもたちに話し合いをどのように見ているかと尋ねました〔参考文献180参照〕。すると子どもたちは、「話し合いは学べることが多いので不可欠だ」と答えました。

次に、研究者がテストについて尋ねたところ、「単純に、話し合いの邪魔になるだけだ」と答えました。同じ質問を教師による一斉指導のクラスで尋ねたところ、子どもたちの答えはその反対となりました。テストなしでは学ぶ理由が見いだせないし、その時間に教えてもらえるのに、話し合いをしたのでは時間がかかりすぎる、と答えたのです。さらに一人の子どもが、「話し合いをすると、ほかの人たちに答えを教えてしまう」と言ったのです。

対話のあるクラスの子どもたちは建設的な話し合いができているかもしれませんが、その大切な要素については気づいていないかもしれません。たとえば、マニーとセルヒオの教師が、二人は同意しておらず（一二六～一二七ページ参照）、意見を異にすることが学びを深まらせていたことに気づかせなければ、自分たちが同意していなかったことや、それが学びの源泉になっていたことも気づけなかったと思われます。彼らは単に、本についていっしょに考えることが、とても満足のいく体験だったということを覚えているだけでしょう。

表５－２　知識に対するダイナミックな枠組みと固定的な枠組みの違い

各人の考えと行動	
ダイナミックな知識の枠組み	**固定した知識の枠組み**
知識は成長し、変化し、状況や視点によって影響されると考えている。	知識は事実の集まりであり、状況に影響されるとは思っていない。誰もが同意する知識が存在するという安定と確実性を強く望む。
問題に対して自分の考えを決めた後でも、新しい情報や異なる視点や変化を考慮する用意がある。	もっとも入手しやすい情報をもとに素早く考えを判断し、一度決めると、新しい情報や異なる視点が提供されても判断を変えない。
対立するような状況を扱うときは、両方の視点を理解することができる。	対立する状況は、白黒ないし正しい／間違いでとらえがち。
多様な回答や視点を受け入れるオープン・クエスチョンを面白いととらえる。不確実性や新しいことも歓迎する。	異なる形で答えられるオープン・クエスチョンを含めて、不確実性や予期できない状況を避ける。
自分とは異なる考えをもった人とのやり取りを楽しむ。	親しい友人や自分と似た考えをもつ人とのやり取りを好む。
問題について考えるとき、できるだけたくさんの選択肢を考慮する。	まずは解決策を決め、そのための証拠を集め、対立する考えは排除する。
多様な視点に関心がある。	グループのなかで一人でも同意しないと苛立つ。
計画を変えることは素晴らしいと思っている。	計画を変更することを嫌う。
議論を引き起こすテーマや本は、面白い話し合いのきっかけになると思っている。	議論を引き起こすテーマや本を避ける。

そう考えると私たちは、違うことの価値と話し合いを活かせるための方法を子どもたちに思い出してもらうために、ナラティブ（語り）を提供すべきかもしれません。たとえば、マクマーン先生は次のように言っています。

「ジャッキー・ロビンソンについて、一つ以上のとらえ方があったときにどんなことが起きたかを思い出してみてください。私たちは、収穫の多い話し合いができました。ロビンソンの物語というか、歴史についてより深く考えることができました。それは、私たちの考えが違っているときや、ほかの人の意見をよく聞いたときに起こります」

このような話し合いを通じて子どもたちは、この種のやり取りを「協働して行う探究」と理解するようになります。時には、誰かが知ったかぶりで話すこともありますが、ためらいがちの発言のほうが多く、意味をつくり出すためには一人以上が必要だという意識をもっています。

彼らは、「今日、誰かの助けでできたことは、明日は一人でできる」という領域に自らが入っていることを意識しているのかもしれません。それはまるで、川を渡ろうとして踏み石に足を伸ばす際、落ちないように、誰かに手を差し伸べる必要があることに気づくようなものです。

ためらいを表す言葉として彼らが使うものには、「たぶん、かもしれない、～か何か」などが含まれます。これらは、すべて不確実性を表す言葉です。「南北戦争の三つの原因」という質問は、そこに不確実性がありません。すでに確定されているのです。（正解を言う以外に）やれることも、意味をつくり出すことも何もなく、主体性が出てくるだけの要素がありません。

不確実性、探究、意味づくり

　不確実性の認識こそが対話を可能にします。逆に、対話が不確実性を持続させます。もし、確実性や一つの見方だけでよいとするなら、そこには、話し合うことも学べることもありません。不確実性こそが探究と研究の基盤なのです。

　不幸なことは、学校にまつわる話し合いは、カリキュラムがすでに明らかになっているたくさんの事実を生徒たちにできるだけ効率的に伝達するもの、という前提でとらえられていることです。そして、教師にとって大切なことは、正しい事実を伝えることで、それが生徒の記憶に残り、よく組織されており、評価できる形で提示されることとなっています。すべてが事実なので、異論を挟むだけの余地は一切ないでしょう。つまり、事実が抱えている問題は、生気がないために面白くないということです。

　たまに、風変わりな事実を面白いと感じることがあります。たとえば、目を開いたままくしゃ、み、をすることはできないとか〔参考文献39参照〕、男性は女性よりも小さい文字を読むことができるが、女性のほうがよく聞ける〔参考文献141参照〕、といったことです。これらの事実が面白い理由は、それらがたくさんの新しい質問を生むことになるからです。

ほとんどの人たちが、教師の独白が横行する教室で教育を受けてきました。その過程で私たちは、事実と確実性にこそ価値があるということを学び、知識は固定化されたものであるという見方を身につけてしまったのです。

私たちが生徒たちに、「アメリカは民主主義である」と言ったとします。このように、情報を「〜である（is）」という形で生徒たちに提供すると、彼らに固定化された枠組みを思い出させてしまうことになります。

実のところ、教えることは世界についての事実を提供することであり、学ぶことはそれらを受け取ることだと私たちは信じています。そして、生徒たちがそうした情報を受け取ったことを確認する必要はありません。なぜなら、権威が事実を提供したのですから。

そして生徒たちは、そのことについて、テストのとき以外に考える必要がありません。実は、テストのときでさえ、そのことについて彼らは考えていないのです。正確に思い出せることを確認するだけでいいのです。

ここで述べたことが、教師をどのような立場に追いやっているかということに気づいてください。生徒たちを、知識に飢えて口を開いているひな鳥たちのように位置づけ、そして教師には、（知識に飢えているときに）餌を求める嘴の中に、知識を忙しく運ぶという役割を担わせます。言うまでもなく、生徒たちは何の貢献もしません。また、知識を探しに行くこともしません。このような枠組みには、知識をつくり出す際に必要とされる主体性が存在していないのです。

さて、不確実性ですが、これを導入するのはそれほど難しいことではありません。「アメリカは民主主義だと言う人がいる一方で、共和制だと言う人もいます。あなたの見方は何ですか？」とか、「どんな点でアメリカは民主主義だと言えますか？」と問うことができるからです。言い換えれば、人に関する固定マインドセットとダイナミック・マインドセットを学ぶと同時に、私たちは知識についても両方のマインドセットを学んでしまうということです。

教師による一方的な伝達の場で成長した私たちは、当然のことながら固定マインドセットに合うように慣らされていますので、安定と閉鎖的な状態の価値を学びます。と同時に、私たちは、不確実であることに気まずさを感じるようにも学んでいくのです。

このような状況を心理学者エレン・ランガー（七八ページ参照）は「とらわれ（premature cognitive commitments）」と表現しています。これは、「ある情報についてほかのとらえ方を一切することなく、それを受け入れてしまう結果に固執した考え」です。

「とらわれ」は、ほかのとらえ方のほうが異なる状況においてはよりうまく機能するかもしれないのに、人を情報や現実という特定のとらえ方に閉じ込めてしまいます。「何も考えずに真実だと受け入れてしまった人は、再考しようとしません」[12]と、ランガーは言っています［参考文献106］。「とらわれ」は、情報を事実（〜である）として提供されたときのほうが、可能性（〜かもしれない）として提供されたときよりも頻繁に起こります。また、意味があるときよりも、意味がない形で情報が提示されたときや、権威によって提供された情報のように、検討する必要がない状態で提供されたときのほうが起こりやすいものです。

私たちが使う言葉を、「〜である」から「〜かもしれない」に変えるだけで大きな違いを生み出します。ランガーは、これに関連した実験を紹介してくれています。どのような実験かというと、学生たちを二つのグループに分けて、嘘発見器によるテストのときに使うペン、ヘアードライヤーの附属品、噛んでよい犬用のオモチャなどを渡して行われました。

一つのグループには、これらを「これは○○です」という形で紹介され、もう一方のグループには、「これらは○○かもしれません」という形で紹介されました。その後、それらのものを使って問題を解決する状況が提示されるのですが、それらを、通常と異なる使い方をするために柔軟に考えられるかが解決の鍵となります。

実験の結果は、「○○かもしれない」と紹介されたグループが、噛んでよい犬用のオモチャを消しゴム代わりに使うといった具合に、与えられたものを柔軟に使いこなしました［参考文献105］。

「〇〇である」の代わりに「〇〇かもしれない」と言ったことが、道具を断定的な使い道から解放したのです。紹介する際に多少の不確実性を加味することによって、道具や知識は柔軟に使えるようになったわけです。ということは、不確実性は、知識を柔軟かつ創造的に使いこなす際の重要な要素であると言えそうです。

「対話は、安定した状態と不安定な状態の間で継続的にバランスを取る行為である。探究的な言葉は、対話において典型的なバランスを崩す要素になる。秩序を混乱させ、不安定にする」と、ある研究者が述べています〔参考文献114参照〕。

変化と同じように（それは不確実性が常に伴う！）、何かに対して不確実でいられるということは、ほかのことにおいても確実性が必要なことを意味します。とくに、先に述べたように自尊心を保障することが必要最低限の支えとなります〔参考文献108参照〕。

たとえ私たちが成功しようと、混乱しようと、間違えようと、自分は大丈夫であることを確実にする必要があります。そのためにも、私たちが不確実性への心地よさを見せることが大事となります。それを通して、不確実性を大切にし、それを共有し、そして活かすことを生徒たちに対して教えるのです。そうすることになぜ価値があるのかを説明し、生徒たちが不確実性の心地よ

(12)「これは、とくに大人（教師）に強固にあります」というコメントを翻訳協力者からもらいました。

さを感じているところに私たちが気づいて紹介していくのです。

このように、教室の中で私たちがどのようなアプローチをするかということはとても大切です。一年生のクラスで行った『キング牧師の力づよいことば　マーティン・ルーサー・キングの生涯』についてのまとめ的な話し合いの際、ジェンセン先生は、作者のドリーン・ラパポートが「そして、死んだ」と書いたページを利用しました。ブライアン・コリアーの絵はとくに刺激的で、多様な解釈を呼び起こしました。

話し合いをまとめるのではなく、ジェンセン先生は次のように言いました。

「このページは未解決のままにしておきます。ここです。このとても面白い絵に対するほかの考えがもしあったなら、付箋に書き出して、ここに貼り出しておいてくれますか？　この絵について、私たちはまだ少し混乱しているし、みんなで考えを共有したいと思うからです」

そのあと、一日を通して子どもたちは考え、そして付箋を貼り出していました［参考文献201参照］。ジェンセン先生は、自分が不確実さと不思議さに価値を置いていることを子どもたちに見せ、その結果、子どもたちの継続的な思考を可能にしたのです。

同じクラスで、リズ・ヤノフ先生と二人の子どもたちは『たそがれはだれがつくるの』［参考文献11］という刺激的な本について考え、登場人物であるおじいさんのことについてもっと知りたいと思っていました。ヤノフ先生が尋ねました。

「そうね、この本は、本についてたくさんの質問が出せますね。すべての質問は、書かれてあることから答えられますか？」

それに対して一人の生徒が、「できません」と主張しました。そして、「時には、答えが見いだせないこともあります」と、かなりの自信をもって言いました。

一方、ジェラリン・ジョンソン先生は、自分の受け持つ四年生たちが自らの不確実性を認識し、共有するように求めています。彼らが二人一組や三人一組で算数の問題を話し合っていたとき、次のように言いました。

「もし、混乱したときは、自分の混乱について話してくださいね。『一〇〇以下の桁は分かるけど、一〇〇〇の桁はだめだ。この部分が分からない。助けて』のように、私はあなた方が混乱している ことについて聞きたいのです」

そして、クラス全体の話し合いの際、一人の生徒が混乱していることについて話したとき、「彼は、答えが分からないということだけを言っていたのではないことに気づきましたか？　自分が分かっていることについても話してくれていたのです。それは、なぜ大切ですか？」と重ねて尋ねました。

生徒たちの答えのなかには、「彼は、単にあきらめませんでした」というものがありました。ジョンソン先生は子どもたちの発言を評価することなく聞き、次のように付け足しました。

「私は、彼を助けることができます。分かっていることを彼は知っているので、分かっていない部分を助けることができるのです。もし、単に『分からない』と言うだけなら、私はどうやって助けられますか？　あなたは、自分自身をどうやって助けることができますか？　ホゼ、あなたは7×3は分かっていると言いましたね。ほかの部分について、あなたの考えはどのようなものですか？」

このようにして、不確実性をより多く受け入れられる子どもたちが出てきます。その結果、しっかりと熟考するようになるのです。

認知的閉鎖欲求⒀

ある人々にとって、不確実性というものは不安なものです。彼らは、単純な事実、意見の一致、そして考えの画一性を求めます。研究者たちは、これを「認知的閉鎖欲求」と呼んでいます。高い認知的閉鎖欲求を抱えた人は、もっとも理解しやすい情報をもとに考えを瞬時に判断してしまい、そのあとに得られる情報に関係なく、最初に下した判断に固執しがちとなります。これは、しばしば「固着／凍結する」とも言われます。

こうした考えの人々があるテーマの話し合いに参加するると、彼らの考えは凍結しているため、ほかの視点を考慮するということに拒否反応を示します。もし、あらかじめ考えをもっていない場合は、パートナーの考えに容易に説得され、それに「固着／凍結して」しまいます［参考文献100参照］。彼らは、みんなが賛同する知識に対する欲求が強く、それが彼らに安定性と確実性を与えるのです［参考文献101参照］。

こうした欲求があることでグループの話し合いに問題行動が生じ、人間関係に影響を及ぼすことになります。問題行動の一例を挙げると、異論を唱えることで安定した総意を脅かす人を排除します。また、そういう人に対して、苛立ち、反発さえします。

彼らは、異論を唱えたり、擁護したりする人たちよりも、体制に順応する人を評価します。換言すると、彼らは対話を封じ込める役割を演じてしまうのです。その結果、建設的な学びのコミュニティーの土台が崩壊することになります。

認知的閉鎖欲求を、固定的な特徴のある人と見なして話しているように聞こえるかもしれませんね。でも、そうではないのです。子どもたちが私たちのところにダイナミック・マインドセッ

（13）　心理学の用語で、「問題に対して確固たる答えを求め、曖昧さを嫌う欲求」を意味します。「認知的閉鎖」で検索してみてください。

トと固定マインドセットの異なる傾向をもってやって来るのと同じように、彼らは異なる認知的閉鎖欲求をもって私たちのところに来るのです。二つのマインドセットと同じように認知的閉鎖欲求も、他者とのやり取りと異なる状況によってもたらされる産物なのです。

私たちは、子どもたちとの会話の構造や、会話が展開される状況を変えることによって、不確実性に対する彼らの心地よさの程度を変えることができます。時間的な制約や聞こえる音などといったストレスは、確実に認知的閉鎖欲求を高めます。その人の人生を大きく左右するようなテストなどといったほかのストレスも、認知的閉鎖欲求を高めると考えています。その反対に、対話的な教え方は優れた対抗手段になり得ます。対話を基調にしたクラスで一学期間を過ごした八年生が次のような発言をしています。

真面目なことについて話し合うことは、以前は興味がもてませんでした。じっくり座って、何かについて話し合うなんて考えられませんでした。それが自分のマインドセットだと思っていましたし、絶対に変わるものとも思っていませんでした。

でも今は、両方の意見をじっくり聞くべきだと思っています。私が同意できないことを誰かが言ったなら、今は話したいと思っています。それが、私のクラスで行っていたことだったからです。クラスで、その大切さを学びました。［参考文献109］

あなたは、子どもたちが不確実性に馴染んだ状態を私が強調しすぎていると思うかもしれません。でも、グループのメンバーがみんな高い認知的閉鎖欲求をもっていたり、グループに大きな圧力がかかっていたりして、メンバーすべての認知的閉鎖欲求を高くしているような場合に起こる現象について、私はまだ紹介をしていないのです。これら二つの状況で実験が行われ、同じような結果が得られています。

まず、グループのなかで認知的閉鎖欲求が高まると、メンバー間の力関係が変わります。何人かのメンバーが独占し、たくさんの発言をすると同時に、ほかのメンバーに対する発言が増え、彼らがほかのメンバーに与える影響力が大きくなります〔参考文献150参照〕。

グループ内のやり取りは独裁的なものにシフトします〔参考文献102参照〕。認知的閉鎖欲求が高いメンバーたちは、ほかのメンバーが同調するように圧力をかけます〔参考文献41参照〕。彼らはより独裁的な見方をするようになるだけでなく独裁的なリーダーを好むようになり、そして独裁的な集団に転換しはじめます〔参考文献92参照〕。言い換えると、グループのメンバーは平等主義者でも民主主義者でもなくなります。

あなたを怖がらせたくはありませんが、不確実性や曖昧さを極度に減らす必要があると考えることは、確実に独裁的な政治体制や原理主義的な信念体系を出現させることに結びついているのです〔参考文献187参照〕。さらに、悪なる影響はまだあります。

認知的閉鎖欲求が高まると、人々は仲間内以外の人々に対して偏った見方が助長されることになります［参考文献164参照］。その行為は、とくにグループの仲間を自分たちと同じだと見るときに顕著になります［参考文献103参照］。もし、あるメンバーが異論を唱えたことで、自分たちとは同じではないと判断したときは、同質性の高さと共有された現実を維持するために彼らは異論を唱える人を排除します［参考文献99参照］。この「集団中心主義」は、実験ではもちろん、民族集団や移民の同化政策などの実社会でも現れています［参考文献164参照］。

これらは、ステレオタイプ（固定的なものの見方）を増幅させる固定マインドセットの結果を思い出させませんか？　違いを拒否することは、固定マインドセットの枠組みで起こるチャレンジ拒否という行動を思い出させませんか？

すべての面において、多様な視点を表現することを排除し、各人をサポートするシステムを混乱させることによって認知的閉鎖欲求は対話的なコミュニティーを破壊します。そして、創造性を低下させ、学びと順応する機会を制約します。これらの状況を**表5－3**で整理しました。

私たちは、不確実性を大切にし、結論を急ぐようなことを減らす対話的な教え方ができるだけの十分な根拠をもっている、と私は思っています。不確実性により、大きな寛容性をもつ子どもたちに育てることは、彼ら自身の成長を促すだけでなく、社会全体にとっても有益となります。なぜなら、それは学級経営を楽にするだけでなく、子どもたちを幸せにするからです。

表５－３　生徒たちにおける知識のダイナミックな見方と固定的な見方

ダイナミックな知識の枠組み	固定的な知識の枠組み
違いに慣れており、それを受け入れ、それが提供する取り組みレベルを高く評価している。	異議を唱えることによって、安定した集団の意見の一致を脅かす人は排除したり、反感をあらわにしたりする。
理解し、熱心に取り組み、説得する努力を示す。	同調する圧力をかける。
違いをよいものととらえ、それが話し合いで扱われると、結果は他のメンバーの視野を広めたり、深めたりすることになる。	反対する人よりも、順応する人をより肯定的に評価する。
独裁的なやり取りよりも民主的なやり取りや視点が好まれる。	独裁的なやり取りや視点が好まれ、受け入れられたりする。
違いを大切にして話し合われる。グループ内の違いも理解され、グループ外の人との単純な比較も避けられる。	特に、仲間を自分たちと似ていると思うとき、自分たちと異なる人よりも仲間内への優遇（過大評価）が見られる。

不確実性に対するより大きな寛容は、他者へのより大きな寛容をもたらすのです。

右記を明らかにしている研究では、学力テストや入試など、学校関連のストレスを高めることは誰にとってもよくないことを示しています。研究者たちは、ストレスが増すとアービング・ジャニス(14)が「集団浅慮ないし集団思考」と呼んだ状態に陥ることも明らかにしています。

集団思考には、一貫した三つの特徴があります。それは、閉ざされた

(14)　(Irving Janis, 1918～1990)「集団思考」で検索すると、日本語の情報がかなり得られます。

意識、均一性への圧力、自分たちの集団に対する過大評価、です〔参考文献82参照〕)。教師に多くの圧力をかけることは、建設的な学びをつくり出さないことを認識すべきです。実のところ、「学校」の語源はギリシャ語の「schola」ですが、その意味は「暇な時間」というものです。長い対話の時間を確保することは極めて重要なのです。

不一致、分裂、多様性

知的な成長がもっとも効果的に起こるのは、子どもたち同士が異なる意見をもったときです。お互いを真剣に見るようになります。このような事例は、本章の冒頭に掲げたジャッキー・ロビンソンにまつわる会話に見られました。

ここでは、もう一つの例を紹介します。長い時間をかけて、教室で生まれた二羽の子ガモがなぜ三匹目をつついているのかという話し合いを行ったあと、四年生の一人が次のように意見を述べました。

――なぜなら、○○(証拠を提示して)ので、私はシェリーには反対です。一方、○○(二つの観察の結果を提供して）なので、ジャックとゴードンには賛成です。（中略）だから、〇〇（もう一つ別の観察を提供して）ので、〇〇（自分の仮説を提供）。しかしながら、〇〇（異なる観察を提供）です。〔参考文献88〕

この発言の複雑さには驚いてしまいます。生徒がたくさんの視点と証拠を踏まえただけでなく、証拠から仮説を立て、結論を導き出すことまで行っているのです。使っている言葉にも注目してください。「なぜなら、だから、ので、しかしながら、そして」など、すべて論理的な思考をする際に使う用語で、説得力のある文章を書く際に見られるものです。彼女は、まさに説得していたのです（国語の作文だけでなく、算数・数学、理科、社会でも使われます）。

教師による直接的な指導では、このような思考はつくり出せません。対等な人同士が公の場で異を唱え合う対話が必要です。ヴィゴツキー（九ページの注3参照）は、認知的な成長は「他者と自分に対して自分の考えや立場を説明したり、詳しく述べたり、擁護したりするときに起こる。説明しようとするときに、学習者はもっている知識を新しい形で統合したり、詳細に述べたりするからである」と主張していました〔参考文献190参照〕。

スイスの心理学者ピアジェ（Jean Piaget, 1896〜1980）も、この点について意見を述べています。彼は、子どもたちに自分の考えを修正させるときの、接続が絶たれた状態のパワーを教えてくれました。また、ピアジェは、力関係が同じぐらいの状況で取り組まれたとき、接続が絶たれた状態がもっとも使い道があると思っていました〔参考文献149参照〕。

もし、教師が対立を招くような情報を提供した場合、子どもたちは対立点を検討することなく、権威によって提供された情報を単に受け入れてしまいがちである、とピアジェは考えていました。力関係が同じぐらいの状況は、自尊心を正常化したり、けなされたりしたときの抵抗力を培う際に重要となります。

固定的な知識の枠組みでは、建設的な意見の相違はむしばまれることを思い出してください。意見の相違は、いずれかが間違っていることを示唆し、間違いはその人の（恒久的な）能力不足を示すことになるからです。一般的に人は、他人を見下すことによってこれに対処しています。固定的な知識の枠組みは、同じ結果をつくり出します。そうならないように私たちは、お互いへの期待を正常化し（七八ページのエレン・ランガーの研究を参照してください）、違いに価値を見いだしたいのです。

私たちは、「これについて、ほかに考えられる方法はありませんか？」や「ほかの人たちはどのように考えますか？」と尋ねます。私たちがアンソニー・ブラウンの『こうえんで……四つのお話』〔参考文献20〕などの、多様な視点を提示している絵本を使うのはそのためです。また、一つのテキスト（教材）ではなく、多様な視点を提供してくれる複数のテキストセットを使っているのもこのためです(15)［参考文献135］。

すべての教科で、子どもたちに自分の考えを他者に説明させたり、擁護させたりするのもそのためです。一例を挙げましょう。アンディー・スミス先生が、二人の子どもが協力して数直線と端数の切り上げに関する算数の問題を解こうとしているところに加わって、次のように言いました。

「あなたたちは、すばらしいチームね。48は、45と50の間だってどうやって分かったの？　なぜ、端数を切り上げるって決めたの？　あなたは彼女に賛成しますか？　それは、なぜ？　あなたは○○だと知っていたようだけど、どうして○○だと分かったのですか？」

次のような状況にあるときに、人は力強い民主主義に向けての準備を行っていると言えます。

・意見の相違を当たり前と思え、自分の考えを説明することを求められているとき。
・不確実性への寛容をかなりもっており、またそれを期待されるとき。
・とくに自分とは違う考えをもっている他者の言い分をしっかり聞くことの大切さを理解しているとき。

(15)　著者は、ここでhttps://wowlit.org/を紹介しています。

・均等な力関係を築こうとしているとき。

もし、学校を卒業する生徒たちにこれらの特徴を期待するなら、対話のある指導こそが必要となります。もちろん、彼らはテストでもよい点を取り、グループ間のギャップも縮めます〔参考文献138参照〕。加えて、彼らはクリティカル(16)で教養のある人になっていきます。

それに対して、子どもたちの心を閉じた形で卒業させたいなら、同じような考えをもった人たちの集団にし、異なる意見や視点をもった人を排除してステレオタイプをもたせ、反対意見が言えなかったり、許容できなかったりする状況をつくり、独裁的ないし権威主義的な見方をもつようにすればいいのです。

言うまでもなく、私たちが何をすべきかはすでに分かっていますよね。

---

(16) クリティカルは「批判的」とは訳せません。ここでは、「大切なことを見極められる」や「大切でないものを排除する」となります。

第6章 社会的想像力

「お前がほんのちょっとした要領をのみこめばだね、スカウト、どんな種類の人たちとも、もっとうまくやっていけるとおもうよ。人というものは、相手の立場から物事を考えてあげられるようになるまでは、ほんとうに理解するなんてことはできないものなんだよ」
（『アラバマ物語』［参考文献110］の主人公アティカス・フィンチの言葉）

本書のはじめに、私たちが教えるときに選ぶ言葉が、いま子どもたちが住んでいる世界と彼らがつくり出す世界をどのように変えるのかということをお見せします、と約束しました。子どもたちの認知的な発達はもちろん大切ですが、人間は基本的に社会的な動物であるという事実を真剣に受け入れる必要があります［参考文献190参照］。

私たちの生活から社会的なやり取りを奪ってしまうと、子どもは健康的に育たないだけでなく、文字通り萎れて死んでしまいます［参考文献144参照］。学ぶことは、根本的に社会的な営みなのです。基本的なレベルで、生徒が助けを得ることができなかったり、活動に協力して取り組めなかったりすると、肝心な学びが得られないという可能性があります。

社会的な成長が、知的、感情的、肉体的な健康の基礎になっており、それは大人になってからも変わりません。カリキュラムを開発する人々は、これらの異なる成長の要素をバラバラなものとして扱っているだけでなく、子どもたちを人間でないととらえることで、本来切り離すことのできない一体性を無視してしまっているのです。(1)

第2章では、固定マインドセットの枠組みを受け入れてしまった子どもは、知的生活（難しい課題を避けるようになる）、感情的生活（容易に落ち込みやすくなる）、社会的生活（異なる見方をするとき、パートナーをけなしたり、失敗を他者のせいにする傾向がある）、道徳的生活（ステレオタイプの見方をしたり、不正行為を正当化したり、懲罰的になったりする）に悪影響をもたらすことを紹介しました。また第5章でも、固定的な知識の枠組みが先に挙げた四つの生活に似たような影響を及ぼすことを示しました。

本章では、社会的、感情的、道徳的、知的な成長においてもう一つの鍵となるものと、それらの関連について見ていきたいと思います。まずは、具体的な事例から紹介します。

第5章（一三〇ページ）で紹介したマリア・ニコルが、ジェスィー・ハリソン先生が受け持っている三年生の会話を紹介しています［参考文献18・133参照］。ハリソン先生は、『*The Summer My Father Was Ten*（父が一〇歳だったときの夏）』（未邦訳）を子どもたちと読んでいました。絵本では、一〇歳のときに父親が犯した過ちについて、父親自身の振り返りを子どもが語っています。

友だちと野球をしていたとき、ボールが近所に住むお年寄りの野菜畑に入ってしまいました。ボールを投げ返す代わりに、一〇歳だった父親はトマトを投げるといったイタズラをしたのです。それがエスカレートしてしまい、野菜畑をダメにしてしまったのです。翌年、そのお年寄りは野菜を植えませんでした。

ハリソン先生（絵本を読みながら）まだ、ベラヴィスタさん（お年寄り）は野菜を植えようとはしていません。

（1）この文章の主語は、日本においては「カリキュラムを開発する人々」＝教科書会社と執筆者たちです。教師の多くは、残念ながらカリキュラムを開発できない状況が続いています。単に、鵜呑みにしているだけというか、他人任せにしているだけです。それでは、まずいのですが……。「カリキュラム開発」については、「ＰＬＣ便り」のブログを開いて、左上に「カリキュラム開発能力」を入力して検索すると関連情報がたくさん得られます。

ダーシー　たぶん、ベラヴィスタさんは怖いので、野菜を植えないんだと思います。
ジャスミン　私も同じことを考えていました。ベラヴィスタさんは、野菜を植えると男の子たちがまたやって来て、野菜畑をダメにしてしまうと思っているのでしょう。
たくさんの声　はい、はい（たくさんの手が上がる）私もそう思います……同じ考えです！……絵を見たら、そうじゃないとおかしいよ……。
ハリソン先生　なぜ、ベラヴィスタさんがそう考えていると思うのかについて、隣の人と話し合ってください。

そのあと、絵本のなかで男の子が謝りたいと思ったとき、ハリソン先生は再び子どもたちに投げかけました。

ハリソン先生　（絵本を読みながら）でも、彼は言葉を口から出すことができませんでした。
ベンジャミン　何も育っていない区画を見て彼は、そこに何も育っていないのはおかしいと思ったのです。
デイモン　そうなんだ、忘れ去ることができないんだよ。とても悲しくて。
ハリソン先生　なぜ、そんなに悲しいの？

デイモン　野菜畑がそこにあるべきなのに、自分たちが壊してしまったし、もう一つ悲しいことは、「ごめんなさい」と謝りたいのに言葉が出てこないというか、身体が動かないこと。

アンドレ　頭では分かっているんだけど、身体が動かないっていう感じ。

ケイシャ　心では、ごめんなさいを言うべきだということは分かっているのに、心臓がバクバクしちゃって、それを口から出すことができないっていう感じ。

ダイアナ　そう、そんな気持ちになったことある。ここに書いてある通り、出てこないのよ。とても難しい。

ケイシャ　時々、ごめんなさいって言えないことがある。それをどうしてやってしまったのか分からないから。だから、とても緊張して、怖いの。でも、とても申し訳ないとは思っているのに。

シャンテ　まったく同じね。お父さんは野菜畑を壊しちゃダメだってことは知っているのに、でも、なぜ野菜畑を壊しちゃったのかが分かっていない。自分が何をしなくてはいけないのかも知っているのに、難しい。とても悪い気持ちがしている。彼は、自分の心に従う勇気をもっている。

とくに複雑な物語を使って行われるこのような会話は、子どもたちの解釈する力を養うことになるので学力向上に役立つと言えます〔参考文献3参照〕。会話はより深いレベルの取り組みを可能にし、それがさらに子どもたちにより多くの本を読ませたり、同じ本を繰り返し読ませたりします。また、よりたくさんの話し合いをすることにもつながります。これらはすべて、そうした会話を可能にする優れた本を選び、話し合いのスキルを磨くことを子どもたちに教える根拠になっています（後者については、第8章でさらに詳しく扱います）。

しかし、このような話し合いの重要性を理解するためには、話し合いが子どもたちに求めているものをしっかりと考える必要があります。(2)

ダーシーは、ベラヴィスタさんが怖いので野菜を植えないのだということを心に描いて、ほかの子どもたちが考えられるように投げかけました。その言葉にほかの子どもたちが続いて、登場人物の気持ちになりきって発言をしはじめました。この点における重要性が見過ごされがちとなります。

子どもたちを、（社会的で知的な）社会の一員として見習い（練習）をさせることは難しいです。大人が理解して欲しいと思っていることのほとんどが、実は彼らの頭の中で起こっているからです。ですから大人は、子どもたちの頭の中でどんなことが起きているのかについて学べるようにサポートする必要があります。それは、単に問題解決に使う認知的な方法についてだけではなく、行動とともに存在する複雑な社会的・感情的な論理についても身につけられるようにする必要があります。

実のところ、人間は生まれながらにそれをする傾向をもっています。たとえば、三〜八か月の乳児がオモチャで遊んでいるとき、それをあなたが手で隠すと、子どもは最初にあなたの顔を覗き、あなたが何を考えているのかと知ろうとします。乳児は、あなたが意図的に行動していると見なし、存在する手がかりからあなたが考えていることを読み取ろうとしているのです。

だからといって、すべての子どもがこのスキルを素早く身につけるわけでもありませんし、ほかの子どもよりもうまくできるようになるわけでもありません。自閉症をもった子どもは、あなたの手を単なる障がい物としかとらえないので、あなたの目を見ることなしに、手をどかしてオモチャを取ろうとするでしょう［参考文献148参照］。

言い換えると、この社会的想像力は人間がもつ特徴なわけですが、その出発点と成長のスピードには個人差があるということです。その成長は、ハリソン先生が彼女のクラスでしていたような、社会的なやり取りがどの程度提供されるかに依存しています。しかし、これには見掛け以上のこともあるので、さらに説明をさせていただきます。

（2）　単に、子どもたちが話し合いをする目的を認識しているだけでなく、方法についてもある程度身につけている必要があります。それらは、もちろん練習次第で身につきます。たとえば、二四〇ページをご覧ください。

人の心を読む

社会的想像力には主な特徴が二つあります。一つは、先ほど紹介したように、赤ん坊が遊んでいたオモチャを隠したときに起きたことです。赤ん坊は、あなたの顔からあなたが考えていることを読もうとします。これについての名称はいくつかありますが、私は「人の心を読む」と名づけたいと思います。

この社会的・視覚的能力が発達しはじめるのは、誕生してから一年目です。赤ん坊が、人の行動には目的があると思えるようになったときからです。

研究者たちは、年長の子どもたちと大人のこの能力の発達を評価するために、目の部分の顔写真を見せ、その人物の心理状態を言わせるという実験をしています〔参考文献9参照〕。あなたの関心が学力（それがどういう意味かは定かではありませんが）だけなら、この実験はあまり面白くないかもしれません。

唯一参考になる点は、人の心を読むことがあまり得意でない生徒たちは、クラスのなかでより多くの学級崩壊に通じるような社会的な行動をとりがちだということです〔参考文献165参照〕。そして、彼らは人の顔（と、ほかの身体的なサイン）を読む能力が欠如しているために人の心も読めないので、学業面においてかなりの悪影響を及ぼします。

幸いなことに、指導の歩みを緩めることなく、人の心を読めるようにする能力を発達させることが私たちにはできます。たとえば、ジェラリン・ジョンソン先生は四年生たちに算数の問題を課し、「はい、これがみなさんの解く課題です。アントニオは、『さあ、かかってこい』という顔をして私を見ています」と言いました。

しばらくしてから、ジョンソン先生はＣ・Ｖ・オールズバーグ（Chris Van Allsburg）の『いまいましい石』（村上春樹訳、河出書房新社、二〇〇三年）を紹介して読みはじめようとしたとき、「この本を手に取ったとき、私はこんな顔をしました。私は何を考えていたでしょうか？」と言いました。

子どもたちは協力して、教師のみならずその表情について知っていることを活用して、教師の心の中で起こっていることを解き明かそうとしました。そして、一人が次のように言いました。

「こそこそした」

ほかの子どもが、「私たちを試そうとしているんじゃない」と続きました。

表面上は、生徒たちの売り込み能力を試しているかのようにも見えます。確かに、そのような効果もあるでしょう。しかし、それ以上に重要となる社会的なシグナルに子どもたちの注目を集めるという効果もあります。そして、そのシグナルと社会的・感情的な活動を関連づけるのです。

ジョンソン先生が本にあった「夢中になる」という言葉について生徒たちの理解を確認したとき、「船員たちは、その石にすっかり夢中になっているようだった」と読み、「それはどんな意味ですか?」と尋ねました。そして、いくつかの定義が子どもたちによって提供されたあと、彼女は「『夢中になる』を見せてください」と言ったのです。子どもたちは、夢中になったときの経験を思い出し、それを表情で表しました。

一方、スーズィー・アルソフ先生は、自分が教える幼稚園児たちに、次のように言ったときに似たような実践をしています。

「隣の人と目を合わせて、自分がしっかり聞いていることを示してください」

ペア(3)の一人が教師役をしているときに、彼女はよくこのように言います。また、隣の人と話し合うときや、人間関係の問題を解決するためにサポートする場合にも言っています。

教師たちが身につけさせようとしているスキル(と気質)は、子どもたちのクラス内はもちろん、クラス外での人間関係づくりに大いに役立ちます。それは、相互にいい関係を築き、クラス運営を容易なものにします。そして、社会人になったときは、個人的な関係にも、仕事上の関係にも役立ちます。

このスキルが読み書きに直接的な影響を及ぼすかどうかは分かりませんが、それは社会的想像力の二つ目の特徴である社会的推論の基礎になっています。

社会的推論

社会的想像力の二つ目の特徴は、学業面での成果がより認識しやすい領域のものです。それは、人の行動、意図、感情、考えなどを多様な視点からイメージできたり、判断できたりする力です。(4) この領域の発達は、部分的にはそれが子どもの言葉の能力と比例関係にあるので、人の心を読むことよりもゆっくりとなります。

四歳ぐらいになると、「彼は（飴が瓶の中にあると）思いました」のように、動詞がすべての文章の引き立て役であることに気づきはじめます。また、深い感情が埋め込まれた文章は、ある

(3)　これは「turn-and-talk」の訳で、turn には「向き合って」という意味と「順番に」という意味の両方を含んでいるほか、深い意味のあることが二四九～二五一ページを読むと分かります。

(4)　著者によると、このスキルを評価する一つの方法は、物語を聞かせて、登場人物の感情、考え、意図、行動などを予想させるものです。たとえば、人形劇を見ながら、それまでに起こったことを踏まえて、二人の登場人物がお互いにどう思っているかを予想させる質問をしたりします。

人の視点では正しくても、ほかの人の視点ではそうでないことも理解しはじめます。

一度に一つ以上の世界を表せるこの能力は、重要な可能性を開いてくれます。ハリソン先生のクラスでの会話が、そのよい事例を提供してくれています。

ベンジャミンは、「彼は何も育っていない区画を見て、そこに何も育っていないのはおかしいと思ったのです」と言いました。この発言をするために、彼はほかの人の心を読む必要がありました。そして、二つの視点から二つの世界を思い浮かべたのです。一つは、野菜が育っている世界で、もう一つは育っていない世界です。

これを解釈のなかの「推論する」に分類してしまうと、あとで説明するように、大事なことを見落とすことになります。そのことを説明する前に、どのようにしたら社会的想像力を拡張することができるのかということについて説明をさせてください。

この発達の側面は、単に話すことで教えることはできません。また、物語を使ったり、それにメタ認知的な言葉を提供したりして、系統だった教え方をしても発達させることはできません。子どもたち自身が、人はどのように考えるのかという言語的な描写を主体的につくり出す必要があるからです。

その際、どのように話し合うのかが鍵となり、それが、子どもたちがつくり出すものを引き出して促進することになります。子ども同士が異なる意見を出したり、自分が言ったりしたことについて説明を求められるような会話はとくに効果があります。

熟考を要する会話は、多様な視点があるという事実を受け入れることや、子どもたちに対して潜在的に間違った世界を埋め込んだ文章、たとえば友だち（あるいは本の登場人物）を観察していたにもかかわらず、相手は「誰も見ていなかったと考えていた」といった文章をつくるように求めることによって、子どもたちの成長を促します［参考文献69・115参照］。

とくに絵本は、そのような文章をつくり出すのを助けるとてもいい媒体と言えます［参考文献145参照］。デイビット・シャノン（David Shannon）の『だめよ、デイビッド！』（小川仁央訳、評論社、二〇〇一年）のような絵本は、子どもたちに、対立する世界と間違った考えを探究させるのに優れていると言えます。この絵本には、デイビッドが猫の尻尾を引っ張っている絵が描かれており、「だって、いやがってないよ！」という文章が書かれているのです。(5)

ジョンソン先生は算数の授業において、一つの問題に対してそれぞれのグループが違った答えを導き出したときに別の話題を提供しました。先生はクラスのみんなに、どうして異なる答えに至ったのかについて、理由を見つけ出すように言ったのです。

（5）　この絵と文章が含まれているのは、第三弾の『デイビッドがやっちゃった！』（小川仁央訳、評論社、二〇〇四年）です。

それをするために子どもたちは、問題を解きながら、間違いに至った箇所を明らかにしようとしました。この行為は、社会的想像力を養うだけでなく、子どもたちの焦点を問題解決のプロセスに当てることになります。(6)

子どもたちは照合をしっかりとやり、そしてほとんどすべてのプロセスが正しかったにもかかわらず、たった一つの誤解や不注意による手違いが含まれていたことで間違った解答になってしまったことを立証しました。それらは、すべて学びに活かせる肯定的な成果なのです。

社会的想像力を真剣にとらえる

残念なことに、多くの大人は無意識にたくさんの社会的な推測をしてしまうので、私たちは社会的想像力を当たり前のものと思い込んでしまいます。「彼女は（私に？）興味があるのか」や「彼はあなたに夢中なのか」については、見分け方を明らかにするだけの本がたくさん出版されているにもかかわらず、学校教育のなかで社会的想像力を考えることはほとんどありません。しかしながら、社会的想像力は市民社会の基盤となっているものです。それこそが、人間関係が機能するか否かを決定づけ、法律や政治的な判断の基礎となっているのです。

これを、当然のことであると考えてはいけません。社会的な（人間関係上の）手掛かりを理解したり、それが引き起こす結果を考えたりできる能力には個人差があるのです。そして、その違いは、子どもたちの現在と将来をつくり出す人生において大きな影響を及ぼします。

学業

学業面においては、社会的想像力が複雑な話術を理解する子どもの能力に直接的な影響を及ぼすことになります。五～七歳ぐらいになると、「私をからかっているんでしょ」や「彼は壁にぶち当たっている」などの慣習的な言い回しが社会的想像力によって理解できるようになります［参考文献23参照］。こうした言い回しにおいては、話し手や書き手が実際に言っていることとは違った意図があることを、子どもたちは理解しなければなりません。

同じ理由で、皮肉を理解することにも、言葉の発達による部分と社会的想像力による部分の両方があります。たとえば、皮肉を理解するためには、本のなかで登場人物たちが行っていることと彼らが置かれている状況の間での不一致と、その不一致を登場人物が知らないということを読

（6）　算数・数学の問題の接し方および数学的思考（＝問題解決のプロセス）を身につけるための最適な本として『教科書では学べない数学的思考』（二〇一九年二月刊）がありますので参考にしてください。

み手が認識する必要があります。

絵本に詳しい人なら、子どもたちがどのように「アメリア・べデリアのシリーズ」(次ページの**コラム**を参照)を理解するようになるかを考えてみてください。それには、自分の視点ともう一つの視点を同時に考えることが必要なのです〔参考文献55参照〕。

クリティカル・リテラシー(7)には、他者の意図を想像すること、多様な視点を受け入れること、まだ存在しない人間関係を想像することなどが必要となります。読み手や聞き手を説得しようとしている書き手や話し手は、前者の感情、反応、動機などを想像することができれば、より効果的に伝えることができます。フィクション(物語)を書く際に社会的想像力をもっていれば、かなり楽に書けることは言うまでもありません。しかし、それ以外にも、社会的想像力を磨くことで得られる効果は、学校内にかぎらず卒業してからもたくさんあります。

人間関係

社会的想像力が発達していればいるほど、人と協力できる度合いや、ネットワークを築ける度合い、そして同僚から肯定的に見られる度合いが高まります〔参考文献8参照〕。教師によれば、社会的想像力が発達している子どもはより肯定的な社会的スキルをもっていると言います〔参考文献191参照〕。

COLUMN ▶ アメリア・ベデリア

　アメリア・ベデリアは、ロジャー夫妻が住む大きなお屋敷のお手伝いさんになりました。彼女は、何でも言葉通りに受け取ることで大失敗をやらかします。以下は、ご主人が残したお仕事リストの一部です。

「緑の浴室のタオルを変えなさい」「家具のほこりを払いなさい」

　さあ、アメリアはこのリストを見て何をしでかすでしょうか？

　言葉は使われる場面で意味が違ってくることを、楽しいエピソードで5、6歳児に教えるための絵本ですが、大人が読んでも楽しくて記憶に残ることでしょう。1冊を読むと、全シリーズが読みたくなること請け合いです！　ひょっとしたら、英語の勉強になるかもしれません。

https://www.seg.co.jp/sss_review/jsp/frm_a_120.jsp?dt_isbn=0064441555

実のところ、よく発達した社会的想像力は、ほかのたくさんの肯定的な特徴と密接に関係します。とくに、個性を測る五つの因子の一つである協調性と関連しています。⑻より具体的には、友好的であること、温かさ、利他主義、そして他人のニーズへの注意深さなどで測れます。たとえば、友好的であることは、どれだけ社会的なサポートが得られるかや、調和のとれた人間関係

(7)　人間関係に内在する力関係、不平等や不公正を理解し、それらを少なくするために行動することを重視した「読み・書き・聞く・話す」を教えたり、学んだりするアプローチのことです。したがって、「批判的」な側面は最低限しかありません。

を築けるかに関係しています。

他人は自分とは違った視点（単に肉体的な視点だけでなく、感情的、動機的、文化的などの視点）をもっているということにより多くの子どもが認識できるようになれば、彼らは社会的、道徳的、そして知的な面でより成長することが可能となります。

ある八年生の発言が、このことがどのように機能しているかを見せてくれました。彼女は、長年にわたって対話的なクラスで体験してきたことを初めて自覚し、クラスメイトと頻繁に異なる意見を出し合っていたことに気づいたのです。ある研究者のインタビューに、彼女は次のように答えています。

「対話は、私たちを親密な関係にしたと思います。互いに異論を差し挟むのが好きなのです。その結果、両方の立場を知ることができました。それが、私たちを親しい関係にしたのです」［参考文献109］

このような体験は稀なことではありません。学期の終わりまでにこの研究者は、多くの生徒が「もっともいい友だちはクラスメイトだ」と答えていたと言っています。

道徳的推論

子どもたちの社会的想像力の発達は、道徳的推論の発達とも関係します。道徳的推論とは、推測した動機に基づいて道徳的な判断ができる能力のことで、社会的に有用な行動と関連していま す。生徒は、社会的・感情的な生活と個人の変化に関するより深い理解を得るにしたがって、自分を含めて人を判断しなくなり、気分が落ち込むといったことに関する問題もなくなります〔参考文献111参照〕。このような社会的想像力と道徳的推論の関係については、第7章でより詳しく取り上げることにします。

自己調整力

子どもの自己調整力も、社会的想像力が拡張することで発達します〔参考文献171参照〕。ハリソン先生のクラスで行った『父が一〇歳だったときの夏』についてのやり取りは（一六三ページ）、社会的想像力と自己調整力がどのように関連しているかのヒントを提供してくれています。

ケイシャは、「心では、ごめんなさいを言うべきだということは分かっているのに、心臓がバクバクしちゃって、それを口から出すことができないっていう感じ」と言って、社会的想像力を示していました。彼女はそのあとで、「時々、ごめんなさいって言えないことがある。それをど

（8）　L・R・ゴールドバーグが提唱したパーソナリティーの特性論で、人間がもつさまざまな性格は五つの要素の組み合わせで構成されているとするものです。その五つの因子とは、「神経症傾向」「外向性」「経験への開放性」「協調性」「誠実性」です。出典：https://psychoterm.jp/applied/clinical/a14.html。

うしてやってしまったのか分からないから。だから、とても緊張して、怖いの。でも、とても申し訳ないとは思っているのに」と言いました。

彼女は、他人の感情、動機、行動を想像し、それらを反射的に活用して、自分の感情、動機、行動を理解し、そしてコントロールしようとしていました。人がどのように考えたり、感じているのかを話し合うことに親が子どもたちを巻き込んだり、自分の意思決定の責任を取ったりするように仕向けたときに、子どもたちの自己調整能力は高まります〔参考文献12参照〕。

協力して考えるスキルとともに社会的想像力が拡張すると、協働して取り組む活動は維持する労力を必要としなくなります。対人関係の調整がうまくいくと、生徒たちのその後の自己調整力は向上します。それに対して、協働して取り組む活動を維持しなければならない労力が高い場合は、その後の生徒たちの自己調整力が低下します〔参考文献56参照〕。

未発達の自己調整能力の根底には、ADHD（注意欠陥多動性障害）があることを覚えておいてください〔参考文献54・171・173〕。私がこの点を強調するのは、アメリカ疾病管理予防センターの研究者たちが、二〇〇八年までの一二年間に、ADHDの発生率が三三・〇パーセント、自閉症の発生率が二八九・五パーセント増えていると発表しているからです〔参考文献26参照〕(9)。

問題行動

ここまでに紹介した子どもたちの社会的想像力を育てることが重要であるという理由に関して、もし説得材料として十分でないとすれば、それを発達させないことによって生じる否定的な結果が説得力をもってしまうのではないでしょうか。たとえば、問題行動を起こす子どもたちは、発達した社会的想像力をもっていません〔参考文献165参照〕。

実際、発達していない社会的想像力は、家と学校での問題行動と、対人関係への怒りという反応を示します〔参考文献128〕。未発達な社会的想像力と道徳的推論は、子どもの攻撃的な行動も引き出してしまいますし〔参考文献8参照〕、頻繁に攻撃的な行動をとる子どもは、発達していない、あるいは歪んだ社会的想像力をもっています。彼らは、他者のなかに敵意をもった意図を持続的に想像してしまうのです〔参考文献33参照〕。仮に、椅子にぶつかったときも、それが誰かの意図だったと思ってしまうということです。

彼らは、人を非難する態度をとってしまい、それが人間関係に悪影響を及ぼします。具体的には、何をすべきか、どのように意味をつくり出すか、そしてとくに、怒りなどの感情をどのよう

（9）　著者は、この上昇率には複数の理由が考えられると記しています。この点に関して日本語で読める文献として、『遊びが学びに欠かせないわけ』（とくに第1章と第4章）がおすすめです。

にコントロールするか、といったことについてです。

このような子どもたちは、相手の気持ちを読み取るという行為について否定的な考え方をするようになってしまいます〔参考文献46・64・75・132参照〕。そして彼らは、より正確であり、肯定的に見える意図をつくり出すであろうサインにも気づくことができないのです。

制約された社会的想像力と一致する形で、彼らは社会的な問題に建設的な解決策をつくり出すことに困難を抱えてしまいます。と同時に、彼らは限定的な自己調整能力しか示せず、衝動的な判断を下しがちとなります。

固定マインドセットを通して見ると、こうした問題を示す子どもたちは「行為障がいを抱えている」と思われがちとなります。また、こうした行為をする子どもたちは、否定的な特徴が充満している家族や、暴力や不法行為が蔓延している地域で多く見られます〔参考文献68・157・166・170参照〕。換言すれば、自分の周りの世界を敵意に満ちた場所であると子どもたちが学んでしまうと、他者の行動はすべて敵意を含んだものであると解釈してしまい、それらに対して非難する傾向があるということです。

しかし、この一連の行為は固定化されたものではありません。のちに明らかにするように、すでに論じたことに符合する指導を通して変えることができるのです[10]〔参考文献76参照〕。

話すことと社会的想像力

私たちが社会的創造力を教えるとき、言葉が果たす役割は想像以上に重大なものとなります。家庭では、とくに因果説明などの感情と欲求を結びつける会話を通して社会的想像力が伝えられます。たとえば、私たちは次のように言っているかもしれません。

「彼があなたのオモチャを取ったとき、なぜ怒りを感じたのか分かります。でも、あなたが自分のオモチャで遊んでいて、彼がそれを持っていなかったとき、どんな気持ちがしたでしょうね？」

このような会話を通じて、子どもは感情や気持ちを理解したり、共有したりすることを学びます。その過程で共感することを学び、他者の考えや期待を理解する力を拡張するのです。[11] 実際、

---

(10) ここで述べられていることを表しているとてもいい映画を思い出しました。『ひまわりと子犬の七日間』は、人間社会のなかで犬が「行動障がい」を起こすように仕向けられ、七日間で人との関係を取り戻すという感動的なストーリーになっています。人間を対象にしたよい映画や本があるようでしたら、ぜひ教えてください（pro.workshop◆gmail.com）。

(11) 著者によれば、感情や気持ちは母親から、考えや期待は父親から学ぶことが多いそうです。あなたはどう思われますか？

聴覚障がいをもった幼児が健常な両親に育てられる場合、こうした会話がないと子どもの社会的想像力の発達が遅くなり、自閉症をもっている児童と発達が同じになってしまいます〔参考文献147参照〕。

しかし、自閉症のようなケースであっても、生理学的な観点から見た社会的想像力の構築がすっかり終わっている場合でも、指導によって効果を生むことはあり得るのです〔参考文献143参照〕。モデルで見せたり、ロールプレイをしたり、行ったことに対するフィードバックをしたり、感情や考え（とくに、誤った思い込み）を明らかにする練習を行うことで、自閉症をもった子どもでも人の心が読めるようになります。それによって、彼らの人間関係は改善します〔参考文献74参照〕。

ハリソン先生のクラスで『父が一〇歳だったときの夏』を読んで話し合ったように、物語を通して他者について話し合うことを「手始め」としてもよいでしょう〔参考文献77参照〕。感情的な緊張や対立を含んだ絵本を選択し、そのなかで扱われている感情、動機、考えなどについての話し合いに誘うことは簡単です。心の中を描き出す動詞を使うのです。

「あなたは何を考えましたか？」「私は何を考えているかな？」「彼は何を考えているかな？」「イメージする」「感じる」「考える」「知りたいと思う」「欲しい」「好き」「必要がある」「知る」といった言葉はすべて、人の頭の中で起こっていることをもとにして会話のきっかけをつくり出します。たとえば、次のような問いかけをするのです。

「モー・ウィレムズは、ハトになぜそう言わせたと思いますか？」(12)

「彼はハトのことを信じていると思いますか？」

「それについて、彼はどのように考えていると思いますか？」

「彼は何をしようとしていると思いますか？」

「彼は心配していると思いますか？」

「あなたは、どうしてそう言えるのですか？」


心の状態を表す言葉はこうした会話にぴったりで、子どもたちはそれらを使って、社会的想像力をさらに高めることができるのです〔参考文献58・1・118参照〕。ちなみに、教師にとってもっとも難しいのは、自分が言いたいことを言わないことと、子どもたちの発言を評価しないことです。

こうした話し合いは、物語（フィクション）に限定されないことを強調しておく必要があります。もちろん、ノンフィクションの作品でも十分に可能ですし、科学や歴史でも、人がかかわっているという事実を子どもたちは知るべきです。

---

(12)『ハトにうんてんさせないで』（モー・ウィレムズ／中川ひろたか訳、ソニー・マガジンズ、二〇〇五年）を参照してください。

ジェンセン先生は子どもたちと雪の結晶の写真を撮り続け、そのユニークさに気づいた最初の人について書かれている『雪の写真家ベントレー』〔参考文献120〕という本を読みました。ベントレーは、その過程でたくさんの失敗を犯しています。ジェンセン先生は、ある特定の出来事について子どもたちに尋ねました。

「科学者としての彼は、そのことについてどのように感じたと思いますか？」

科学や算数・数学の異なる説明的理論に私たちが取り組んでいるとき、よく視点の違いが浮き彫りになります。

人間関係にまつわる問題を解決する

人間関係にまつわる問題を解決するために子どもたちをサポートすることは、単に社会的想像力を鍛えるための基礎となるだけではなく、クラス運営や社会生活を滞りなく行うためにも大切です。

スージー・アルソフ先生が教えている幼稚園児のデクアンが、トラブルを抱えてやって来ました。彼の椅子が隣のテーブルにある椅子にぶつかって、うまく自分の椅子に座れないことが多いと言うのです。

アルソフ先生は、「その椅子の持ち主とすでに話しましたか？」と尋ねました。デクアンはうなずきながら、行ったことを伝えました。「だから、私の助けが必要なのね？」と、先生は言いました。再び、デクアンはうなずきました。二人は彼の椅子のところに行って、問題となっている現場を見ました。

「あなたは、彼女（ぶつかっている椅子の持ち主）に、空いている椅子に行くように言いましたか？」

今度は、デクアンが首を横に振り、「まだそれはしていない」と答えました。先生は、それは愚かねという感じで、次のように言いました。

「あなたは、彼女に話すことを忘れてしまったのね。私の助けは必要ないでしょう。単に、彼女に話さなかっただけなんだから。自分の言葉を使ってくださいね」

デクアン　アイシャ、ほかの椅子に座ってくれない？

アルソフ先生　なぜなら……

デクアン　なぜなら、僕が自分の椅子に座れないし、動けないので。

アルソフ先生　（アイシャに向かって）デクアンが椅子に座ろうとするたびに、あなたが同じテーブルのほかの場所に移動すればいいことが分かりますか？　覚えておいてね。練習できる？　彼が座ろうとして椅子がぶつかってしまったら、何をしたらいいか分かりますか？

アイシャ　（その方法を説明する）

アルソフ先生　その通りです。二人で問題を解決することができましたね。デクアン、あなたの友だちに、何が問題で、なぜ問題なのかを説明する必要があっただけです。アイシャも、みんなが一緒に学べる場所にできるように助けたがっているのです。

会話のどの時点においても、アルソフ先生は責めたり、非難したりはしませんでした。彼女は、デクアンがアイシャと話していないのに、「話した」と言ったことにも触れませんでした。このレッスンで、問題を解決するには十分でした。アルソフ先生は、二人が建設的に話せるような環境をつくりました。そして、自立することと相互に依存しながら学び合うというナラティブ（物語）を提供しました。と同時に、教室ではみんなが協力して学ぶという目標も思い出させました。

子どもたちに、自分のニーズ、感情、考えを（「なぜなら……」の形で）表現させることで、アルソフ先生は彼らの社会的想像力を発達させることを助けただけでなく、将来的に、より社会的に自立した存在になれるようなアイデンティティー、枠組み、そして具体的な方法を提供したのです。

もう一つ、別の事例を紹介しましょう。幼稚園児たちのクラスミーティングでアルソフ先生は、個別学習の時間に起こった問題に関するあるやり取りを取り上げました。

アルソフ先生　私たちは、みんながベストを尽くせるように、お互いを助けたいと思っているんですよね？　でも、ほかに何が起こっていたでしょうか？　エドアルド、あなたとデンゼルとの間で起こっていたことについて話してくれませんか？

（エドアルドが問題について説明する）

アルソフ先生　それについて、あなたはどう思いますか、デンゼル？

デンゼル　悪いです。なぜなら、彼は僕がパズルをつくるのを助けてくれなかったからです。

アルソフ先生　彼に助けを求めましたか？

デンゼル　（ぶつぶつ言ってから）いいえ。

アルソフ先生　あら！

何人かの子ども　助けを求めるべきだよ。

アルソフ先生　もし、助けてほしいなら、何をしますか？

何人かの子ども　尋ねます！（と、一斉に答える）

アルソフ先生　私たちはほかの人の心は読めないですよね？　でも、もし助けを求めたなら、もちろん私たちは……。
子どもたち　助けが得られます。
アルソフ先生　そうですね。やってみましょう。エドアルド、サークルの真ん中に来て、何かで遊んでいる振りをしてください。デンゼル、ここに来て、エドアルドに助けを求めてください。
デンゼル　（小さな声で助けを求める）
アルソフ先生　（エドアルドに向かって）あなたは、何と言いますか？　もちろん、助けます、ですよね。
エドアルド　もちろん助けるよ。
アルソフ先生　もう一回やってみましょう。彼に尋ねてみてください。
デンゼル　僕を助けてくれませんか？
エドアルド　もちろん。
アルソフ先生　なんと簡単なことでしょう！　この調子で今日もうまくやっていけますか？　いいですか、お互いのことをよく見て、うまくいっているのかどうか気をつけましょう。なぜなら、あなた方は自分のベストを出し合う責任があるからです。

子どもたち　自分のベストを出します！

アルソフ先生は、子どもたちが自分の問題と感情を言葉で発することを求めています。しかし、一切非難はしていません。問題に遭遇するという前提をすべての人がもっています。そして、もし問題に遭遇したときは、それを解決するための方法が必要となります。必要があれば、彼女は子どもたちが使う適切な言葉を見つけることを助けます。

また、アルソフ先生は、子どもたちが人間関係にまつわる問題を解決するルーティンをつくり出したり、身につけたりすることを助けています。それには、どのように進めたらいいかについて考えたり、相手がどのような情報が必要かを把握したりするために社会的想像力を使いこなすといったことが含まれています。

ここでの取り組みは、ブラジルの演出家であるアウグスト・ボアール（Augusto Boal）が『被抑圧者の演劇』のなかで提唱している方法と大した違いはありません〔参考文献15参照〕。被抑圧者は社会的な相互作用のなかで虐げられた立場に置かれることに慣れていますので、より建設的な相互のやり取りのパターンを肉体的に具現化するために、異なるシナリオの役割を演じたり、考え出したりするのです。

教師は、子どもたちの言うことをより多く聞くことによって、自分の社会的想像力のスキルを伸ばすことができます。社会的想像力は、私たち教師にとっては欠かせないスキルです。たとえば、生徒たちが理解できていなかったり、気難しがっていたりすることに気づいたときは、それらの問題を予測して防ぐことができます。生徒たちの視点で問題を見ることによって、私たちは教えることができるのです。(13)

社会的想像力がよく発達した教師は、社会的想像力の発達した生徒を育むことができます。魔法を使って行うのではなく、互いによく聞き合うことを助け（教師は、そのやり取りに聞き入ります！）、彼らの考えを出させ、他者の考えに思いを馳せ、そして生徒たちにそうしたことに取り組む重要性を絶えず思い出させることによって実現しているのです。

生徒がもっとも困難な問題に遭遇したとき

私は、先ほど社会的想像力と問題行動の関係について説明をしました。教えることについて私たちが知っていることを、もっとも困難を抱える生徒たちに活用することは極めて難しいです。しかし、そうすることがよい結果をもたらすと、自信をもつことも大切です。

危険性が高く、マイノリティーが多い地域の小学校を対象にした三つの研究プロジェクトのなかで、研究者たちはもっとも攻撃的で、動機づけの低い生徒たちを対象にした放課後のプログラムを開発し、実施しました〔参考文献76参照〕。写真とロールプレイを使いながら研究者たちは、それらの生徒に、他人の感情と意図（つまり、人はなぜ特定の形で行動するのか）をより正しく判断する方法と、偶然の行動と敵意をもった行動の見分け方を教えました。また、研究者たちは生徒に、人間関係にまつわる問題をどのように管理するのか、問題となった出来事をどのように建設的に説明するのか、自分自身の責任をどのように負ったらいいのか、どのように謝ったらいいのか、どのように修正したらいいのか、そして誰かが謝ったときにはどのように許したらいいのかについても教えました。

そして、学業面では生徒に、自分にとってのチャレンジにしっかり取り組むこと、短期的な目標を設定すること、結果は自分がコントロールできないことではなくて努力のせいにすること、そして改善することに焦点を当てることなどを教えました。また、自分が分かろうと努力したことに関して助けを求めたときは、成功する可能性がより高くなることも教えました。

換言すると、研究者たちの指導は、生徒たちをダイナミック・マインドセット、主体性、正確

(13)　これは基本中の基本にかかわらず、「教科書をカバーすること」に押されて、なかなかやられていない気がします。というか、「教えること＝学ぶこと」ではないにもかかわらず、「教えること」を優先して「学ぶこと」を軽視／無視しすぎています。

な社会的想像力、そして人間関係にまつわる問題解決に焦点を当てていたということです。

生徒たちは、家でも学校でも自己管理能力が高まりました。彼らは、協力的になり、粘り強くなり、攻撃的ではなくなりました。もちろん、学業面でも改善が見られました。それに対して、指導が一切提供されなかったグループは何の改善も見られませんでした。

研究者たちは、肯定的な見本が身近に存在せず、学校にいる間は何のサポートもないまま放課後だけに行われたプログラムであるにもかかわらず、このような結果が得られたことについて大きな成果だと思っています。アルソフ先生のような教師が通常の学校の授業のなかでこうした方法を繰り返し行ったら、どれだけの大きな効果を生むかを想像してみてください。

大事、あるいは問題ない

社会的想像力を育てることは重要なことであり、カリキュラムにしっかりと位置づけられるべきです。たとえ社会的想像力を教えても、学力テストなどで測ることができないからといって、それを扱わなくてもいいという理由にはなりません。もっとも単刀直入で具体的な理由は、クラス運営において、子どもたちがほかの子どもの感情や興味関心を考慮できるか否かということで

す。

社会的想像力は、当然のことながら社会的な意思決定を可能にします。そして、学ぶこと、読み書き、さらに探究は基本的に社会的なものですから、私たちの教え方もそれを発展させる方法で行う必要があります。

幸いにも、社会的想像力を教えることはそれほど複雑なことではありません。ハリソン先生の子どもたちが『父が一〇歳だったときの夏』について話し合ったとき、子どもたちがどれだけ深く二人の登場人物の感情と動機的な緊張について探究できたかを思い出してください。さらに、その過程では、自分たちの感情や動機についても明らかにしていました。

これ以上、子どもたちの社会的想像力をよく表している事例があるでしょうか？　あるいは、より優れた社会的想像力の発達に役立つ体験はあるでしょうか？

「あなたは、なぜそれがベラヴィスタさんが考えていることだと分かるのですか？」という問いが、人の心を読むための基盤となるサインや考えに子どもたちの注目を集めることになりました。と同時に、子どもたちが互いの視点を出し合う間、自分は黙っているという非常に大事なスキルによって教師の優れた言葉の運用能力が示されています。(14)

(14)　著者は、テキサス州選出の下院議員サム・レイバーン（Sam Rayburn）が言った言葉として、「黙っている者ほど、言葉を操る能力に長けた者はいない」を紹介しています。

第７章

道徳的主体性
——道徳の発達と市民的なかかわり

> 八年生になるまで、（対話の）クラスは体験したことがありませんでした。それまでは、誰かが何かを発言し、私も発言し、（中略）あまり真剣に考えることもなく前の人の発言を受けて何かを言っているだけでした。でも、このクラスは違います。最初に、自分自身の考えを明らかにします。そして、怖がったり、恥ずかしがったりする必要がなく、それが言えます。
> このクラスでは、ニュースかなんかで聞いた新しい問題についてよく考えたいと思うし、事実関係もはっきりさせたい[1]と思います。これまで、そんなことを思ったことは決してありませんでした。（八年生の生徒）［参考文献109］

（1）　八年生は中学校最後の学年です。でも、アメリカは高校が四学年（九〜一二年生）となっていますので、日本の学年に直すと中学二年生とも言えます。

近年、テストの点数（の低さ）に対する苦情と並んで、「品格教育」[2]と「市民的社会参画」[3]の欠如について、失望する声がマスコミなどで頻繁に取り上げられています。私たちは、これらを教科と見なし、貴重な学校での時間を奪い合う競合関係にあるととらえがちです。しかしながら、第5章で紹介した対話的な教え方を実施することで、学力の向上を実現するだけでなく、本章の巻頭に紹介した生徒の文章のように、市民的社会参画を高めることが可能です［参考文献66］。

好むと好まざるとにかかわらず、私たちが社会、国語、算数・数学、理科を教えることで、子どもたちは道徳と市民的社会参画に向けた傾向を身につける（教え方によっては身につけない）のです。子どもたちの道徳の発達は、私たちがそのことについて考えないという選択をしたからといって止まるわけではありません。

すばらしい本である『*Black Ants and Buddhists*（黒アリと仏教徒）』の著者メアリー・コウィー先生は[4]、この点についての発達に関して、本のなかで実践例を紹介しています。たとえば社会科で、彼女が教える一～二年生たちは奴隷制について学びます。子どもたちは、アフリカ系アメリカ人で数学者、測量技師、発明家だったベンジャミン・バネカー（Benjamin Banneker, 1731～1806）がトーマス・ジェファーソン（Thomas Jefferson, 1743～1826・第三代アメリカ合衆国大統領）宛に出した手紙などの一次資料について考察を行います。

その手紙のなかで、バネカーはアメリカ独立宣言とジェファーソンが奴隷を所有していることの矛盾について雄弁に指摘しています。ほとんどの大人が知らないことですが、断食月のイスラム教徒やクウェーカー教徒たちが、慈善行為として奴隷たちを自由の身にするために買っていたということも子どもたちは学びました。

この学習をした数か月後、算数でお金について学んでいたとき、二年生のトーマスが驚きとともに次のような発言をしたことを、コウィー先生が説明しています。

「これを見て！　僕は信じられないよ！」

彼と同じテーブルに座っていた子どもたちが、よく見えるように前かがみになりました。

「ジェファーソンがお金に使われてる！　五セント硬貨に！」

「だから?」と、一年生が尋ねました。

「すべての硬貨に男たちが使われている！」

（２）人格教育とも言われ、日本の道徳教育とほぼ同じと考えられます。

（３）ボランティア活動、地域奉仕活動、サービス・ラーニング、アドボカシー（「政策提言」ないし「権利擁護」）など、さまざまな市民的な行動を意味する包括的な用語です。

（４）（Mary Cowhey）二〇年前に小学校一～二年生の担任になる前に、一四年間の市民活動歴がある教師で、その体験が色濃く実践に反映されています。マサチューセッツ州に在住しています。

トーマスが立ち上がって言いました。

「でもこの人は、人間はすべて平等であると言ったのに、奴隷をもっていた！」

テーブルでしばらく話し合ったあと、トーマスのグループはこの点について抗議することに決めました。彼らは、ジェファーソンたちを使うことは間違いだと思ったのです。トーマスたちは、ジェファーソンやワシントンといった大統領たちが奴隷をもっていたという理由から、硬貨に使われるべきではない、とアメリカの財務省宛に手紙を書いたのです。そして彼らは、フレデリック・ダグラス、(5) ソジャーナ・トゥルース、(6) ルクレティア・モット、(7) ベンジャミン・バネカーなどのヒーローたちに差し替えるように提案したのです。［参考文献34参照］

私の子どもたちや孫たちも、このようなクラスで学んでほしいと思います。

公正と違い

硬貨の事例は、コウィー先生のクラスにおいては珍しいことではありません。常に、子どもたちは、不公正なことに目を光らせています。彼らがそれを見つけたときは、「それはおかしい」と公言します。そして、すぐに彼らの思考は、「それについて何かをしたほうがいい」というふうに展開していきます。彼らは、単に強烈な道徳的な磁石をもっているだけではなく、それに対して行動を起こそうとするのです。

壁にかけてある「思いやりがあるだけでは十分ではありません。あなたは行動しなければならないのです」という一四世ダライ・ラマ（Dalai Lama）の言葉が彼らの精神をうまくとらえています。この言葉はよい試金石ではありますが、この強固で道徳的な主体性の感覚を養うためには、日々の会話のなかでやり取りがされていなければならないことがあります。

道徳は、そのほとんどが規範で成り立っています。私たちは、何に対して注意を払い、何は無視する（つまり、何は大事する）のか、そしてどのように行動したらいいのかを学びます。つまり、子どもたちと何について話し合い、そしてどのように話し合うのかという選択が規範を形づくるということです。

多くの教師は、朝、子どもたちへの連絡事項に何を盛り込むかを考えるときに選択をしていま

---

(5)（Frederick Douglass, 1818～1895）アメリカ合衆国メリーランド州出身の元奴隷、奴隷制度廃止運動家、新聞社主宰、政治家。編集・講演・執筆・政治家としての活動を通して、奴隷制廃止論を唱えたアフリカ系アメリカ人の活動家です。

(6)（Sojourner Truth, 1797～1883）アメリカの奴隷解放活動家（女性）です。

(7)（Lucretia Coffin Mott, 1793～1880）クウェーカー教徒、女性参政権運動家です。

す。一例を挙げましょう。

第四四代オバマ大統領は、就任した直後、最初の法案として「リリー・レッドベターの公正な報酬法令」にサインをしました。リリー・レッドベターは、一九年もの長い間、男性と同じ仕事をしていたにもかかわらず、はるかに低い報酬しか受け取っていませんでした。しかし、差別のある報酬に対しては一八〇日以内に主張しなければならないので、今となっては何もすることができないというのです。

レッドベターが働いていた会社は、報酬について一切話さないようにしていました。そうすることで、社員が発見するのを遅らせていたのです。新しい法案は、レッドベターのような人に、差別している会社を訴えることができるようにしたものでした。

二年生たちへの朝の連絡で、コウィー先生はこの法案について簡単な言葉で説明しました。レッドベターのそばでオバマ大統領が法案にサインをしている報道写真を見せて、先生はこの歴史的な瞬間を極めて個人的な形で子どもたちに紹介したのです。その後、彼女は子どもたちに感想を求めました。子どもたちに、公正かそうでないかを問うたのです。

とはいえ、彼らが学ぶ公正さは単純なものではありません。答えを探していた一人の子どもが、レッドベターは鼻血が出ていて、たくさん働けなかったのかもしれない、と言ったのです。ほかの発言と同じく、コウィー先生はこの発言に対しても真剣に受け止めました。

「そうじゃないと思うけど、新たな疑問が生まれたね。誰かが病気のときはどうするの？　報酬は少なくなっていいの？」

この質問は、公正に関する極めて哲学的な会話を導くことになりました。世界と教室の中の公正にまつわる問題を頻繁に話し合うことによって、「自分たちのコミュニティーにおいて大切にしたいものは何か」という規範が確立されていきます。それらの問題を扱うときに、コウィー先生が自分の見解を示すことはありません。話し合いのために問いかけるだけです。しかし、「それは公正ですか？」という大事な話し合いを頻繁に行うことで、自分たちのコミュニティーでは公正は大事だということを根づかせていくのです。

異なる状況や立場において、公正のとらえ方が人によって違うということに、子どもたちは気づいていきます。たとえ合意が得られなかったとしても、各自が自分の見方を形成する過程で多様な視点に出合い、自らの社会的想像力を育み、通常当たり前と思っていることも疑ってみるようになります。(8) さらに、自分が望んでいることと対立しても、公正のために行動を起こす力量をつけていくのです。

(8)　翻訳協力者から以下のコメントをもらいました。「教科書を使った単発的な授業では、絶対にこんなことはできないと思います。教師も子どもと話をすることを探し続けるからこそ、こういうことが可能なのだと思います。そして、それを継続していく。何でもそうですが、やりっ放しが一番いけない。やっても何も身につかない」

ほかにも、することがあります。こうした重要な問題についてもっと考え、そして自分のものにするのであれば、子どもたちは自分が知っているほかのことと関連づける必要があります。このことに気づけるようになるため、「これは、あなた方が出合ったほかのことと関連しますか？」とコウィー先生は尋ねます。

ただ、リリー・レッドベターについての話し合いのときは、先生はそれをする必要がありませんでした。先生が見せた報道写真が、八人の白人と二人のアフリカ系アメリカ人（そのうちの一人がオバマ大統領）を映し出していたので、子どもたちはアフリカ系アメリカ人にまつわる公正の問題と関連づけることができたのです。

「それについて、ほかに考えられることはありますか？」とコウィー先生が尋ねたところ、一人の子どもが「人種に関係ない同一賃金だ」と説明しています。

別の機会に、コウィー先生は他の領域での公正の概念を探究し、それが同一賃金とどのように似ているのか、あるいは違うのかを尋ねました。そのとき彼女は、「それに気づいてくれてありがとう」と言って先に進みましたが、公平と人種への拡張が、子どもたちが一般化したり、覚えたりすることを助ける以上の重要な役割を果たしました。このことが、子どもたちの道徳的な領域、つまり私たちの道徳的な責任が及ぶ範囲を広げたのです。

たとえば、社会の道徳的な約束事が女性やアフリカ系アメリカ人に及ばないことがあります。

近年、アメリカでは、道徳的な約束事が不法入国者、囚人、同性愛者、そして外国に住む人々にまで及ぶのかという点に関して論争が続いています。(9)

このことは、極めて複雑な学びを提供します。私たちが違いをどのように考えるのか、私たちの経験の外側にある人たちに対する共感をどれだけ示せるのかにかかっているのです。そして、私たちは、社会的想像力に立ち戻る必要があると言えます。

文化、ステレオタイプ(10)、偏見

道徳面での成長と社会的想像力は緊密に結びついており、共通している面をかなりもつという特徴があります。たとえば、中国人の就学前児童が物語を通して登場人物について話すことは、アメリカ人の児童と同じく社会的想像力を高めますが［参考文献77参照］、社会的想像力を発達さ

(9)　「日本でも多かれ少なかれ、同じ問題は起こっています。しかし、教室ではこれらの問題を日常的に取り上げることは少ないでしょう。日本の教室は無菌培養室のようです。その空間で、いったい何を培養しようとしているのでしょうか？　無知で従順なだけの人間なのでしょうか？」というコメントをくれた翻訳協力者がいました。

(10)　固定観念、固定的なものの見方のことです。

せるためには、社会に存在していて、見過ごすことのできない論理のような文化的な違いがあります。もし、私たちが多文化でグローバルな社会に対応できる子どもたちを育てたいのであれば、社会的な推論における文化的な違いについてより多くを学ぶ必要があります。

一例を挙げると、アメリカの主流派(11)にとっては、友人や家族や知人などの世話/介護に関する問題は個人的な選択となっているのです。特定の人と親しくなかったり、考え方が一致しなかったりする場合は面倒を見る必要がないのです。しかし、インドなどのほかの文化では、これは道徳的な事柄ないし義務となっており、関係の近さや共通の考え方や興味関心をもつことなどは関係ありません〔参考文献126・127参照〕。動機や感情を想像するためにはこれらの違いを踏まえておかなければならないので、社会体想像力を複雑なものにします。

関連する事例として、義務の意味にも違いがあります。アメリカの主流派にとって義務は責任となっています。また義務は、個人的な選択を制限するので負担となっていきます。それは、楽しむものではなく耐えるものなのです〔参考文献80参照〕。

一方、インドやネイティブ・アメリカンのような、より集団的な社会では、義務は個人が望むものであり、満足を与えてくれるものとなっています〔参考文献125参照〕。もし、インド出身の人が、友人を助けることを期待されたときと期待されなかったときのことについて尋ねられたら、彼らは両方の状況を自らの判断で選択することでしょう。

それに対して、主流派のアメリカ人は、二つの出来事をまったく異なる形で体験することになります。彼らは、自分への期待が存在しないときに自らの判断で選択したと感じるのです。そして、もし期待をされたら、そうせざるを得ないと思います。

文化の異なるなかでの社会的想像力は、育むことがより困難なわけですが、その重要性は増しています。クラスのなかの多様性と、知的、社会的、道徳的な発達の多様性の価値を最大化するための話し合いの価値を、どれだけ誇張してもし過ぎることはありません。

他の種類の違いについても、私たちは話す必要があります。

ラングストン・ヒューズの誕生日（二月一日）にコウィー先生と子どもたちは、写真付きの彼の詩「わたしの民[12]」を読みました。すると、ある子どもが、「彼らはヒューズの民ではないよ。

---

(11)　白人、とくにWASP《ワスプ》＝「ホワイト・アングロサクソン（今日のイギリス人の根幹をなす民族）・サバーバン（郊外居住者層）・プロテスタント（旧教であるカトリックに対する新教）」を指します。

(12)　(Langston Hughes, 1902～1967）それまでアメリカ白人作家によって描かれてきたアフリカ系アメリカ人のステレオタイプ（ひたすら従順・あるいは野蛮で知性に欠ける、など）とは異なり、黒人自身の視点からブラックアメリカ文化・風俗を提示することにより普遍的人間像を描いた人です。詩はhttps://www.poemhunter.com/poem/my-people/で見ることができます。とても短い詩ですが、パワフルなものです。原文はそれほど難しくありません。日本語訳は『ラングストン・ヒューズ詩集』と『ラングストン・ヒューズ詩集――ふりむくんじゃないよ』で読めます。詩のタイトルは、「わが同胞たち」と「ぼくの同胞たち」と訳されています。

彼は人々を所有していないから」と言いました。

この子どもの発言を判断することなく、コウィー先生は次のように尋ねました。

「詩人は、なぜそのように言ったと思いますか?」

何人かの反応を聞いたあと、「黒人は、彼の家族以上の存在なのでしょうか?」とも尋ねました。しばらく考えたあと、子どもたちは「そうです」と答えました。

「もし、彼が『アフリカ系アメリカ人』と言っていたら、それはより多くのことを意味しますか?」

一つ一つの質問が、新しい気づきを引き出しています。

子どもたちは、分析的な論理に取り組んでいました。それは哲学（および数学）の一分野で、知的な刺激があります。そして、道徳の領域で先生は、子どもたちが似ていること、異なること、多様性を受け入れることなどについて考えることを助けていました。彼女は、最近学んだメラニン（黒色素）を子どもたちに思い出させて、次のように言いました。

「赤ん坊から年寄りまで、あらゆる人をラングストン・ヒューズは詩に含めたので、私は好きです」

依然として、肌の色に関して話し合われています。一人の男子が、「自分の肌は、お母さんのよりも濃い」と告白しました。彼の背景を知っているコウィー先生は、「その濃さを、あなたは誰にもらったのですか？」と尋ねました。

「お父さんからです」

「そうですね。お父さんはインドから来ました。赤道の近くにある国です」

継続して違いに気づけるようにしていくことが、ステレオタイプを克服する方法です〔参考文献107参照〕。ステレオタイプは、違いについてよく吟味することを制限した場合の結果です。明快で、表面的な特徴である肌の色やジェンダーなどを乗り越えて、興味関心、食の嗜好、音楽の好みなどにいったん注意さえ払えれば、ステレオタイプが崩壊することを私たちはよく知っています。同時に私たちは、子どもたちの道徳的なコミュニティーを押し広げる、多様性と類似点に気づくことになるでしょう。


このことは、道徳的責任から排除することになるかもしれない可能性のある人を減らすことになります。ほかの視点を得る（つまり、他者の頭で思考する）ということは、ほかの人たちのなかに自分を見いだし、自分のなかにほかの人たちを見いだせることができるので、偏見を減らすためのとても効果的な方法となります〔参考文献59参照〕。

ステレオタイプや偏見は、ほとんどの人があからさまに支持をするものではありません。しかし、一種の知的な効率性を求めることによって、人間はステレオタイプをもちやすい性質をもっています。もし、私たちが公正な社会を望むなら、市民としてステレオタイプを乗り越える必要がありますし、それが「自然」な流れとなります。

あなたは、ステレオタイプを学業とは一切関係ないものととらえるかもしれませんが、実際には密接な関係があります。

ある研究者たちが、アジア系の女子学生たちに対して数学のテストを行いました［参考文献168参照］。このテストの前に、アンケートを取っています。一つのグループには、「あなたは男女別の寮がいいですか、それとも男女共用の寮がいいですか？」などといった、女性らしさを強調する質問が含まれていました。二番目のグループには、アジアらしさを強調する質問が含まれていました。そして、三番目のグループにはアンケート調査を行いませんでした。

テストの結果は、アジアらしさを強調したグループの結果がアンケートを行わなかったグループよりもいいものとなりました。最悪な結果となったのは、女性らしさを強調されたグループでした。ちなみに、同じようなテストとアンケートを国語で行った結果は逆になりました。それぞれのケースで、アンケートによって与えられたアイデンティティー（ステレオタイプ）にテストの結果が影響されていたのです。同じような結果は、五～七歳と一一～一三歳の女の子たちを対象にした調査でも出ています［参考文献4参照］。

同様に、とても有能なアフリカ系アメリカ人（学部生）のテスト結果を悪くするには、テスト前に、自分をアフリカ系アメリカ人と認識させる人口統計的な質問に答えさせさせるだけで容易となります〔参考文献175参照〕。逆に、ステレオタイプの影響を弱めるには、参加者にダイナミック・マインドセットをもってもらうようにすればいいということです〔参考文献５参照〕。

ステレオタイプの脅威は、テストが自分の能力を決めてしまうと生徒が信じている固定マインドセットにおいてとくに大きくなります。研究者たちが、「このテストは、アフリカ系とヨーロッパ系の親をもつ子どもの知的な違いを明らかにするために行います」という形で高校生たちに紹介した場合、ステレオタイプや偏見の傾向がある生徒はそれに基づいた結果を出しました〔参考文献29参照〕。

一方、研究者たちが「このテストはあくまでも個人的な違いを明らかにするため」と紹介する形で固定マインドセットが弱められたときは違いが出ませんでした。前述した女子生徒たちを対象にした実験と同じように、教師が学習活動をどのようにとらえるかは、生徒が自分は何をしているのか、自分をどのようにとらえるかに大きく影響しているということです。

あなたは、マイナスに作用するステレオタイプを消し去り、プラスに働くステレオタイプは残したほうがいいと思うかもしれませんが、ステレオタイプであるかぎり否定的な側面は免れないのです。私たちが望む好ましいアイデンティティーを象徴するようなステレオタイプも、それを維持するにはかなりのストレスを伴いますので、固定マインドセットが固定的であることを忘れてはいけないのです。

社会的推論、思いやり、社会的行動

悩ましい問題行動への反応として、四年生の担任をしているジェラリン・ジョンソン先生は、「それは私の邪魔になります。やめてくれませんか？」と言いました。彼女は強く「やめて！」とも言えましたが、この違いはいったい何でしょうか？

後者の反応は、命令されたものとして表現されています。生徒よりも教師のほうが力をもっているという、立場上の権威に依存したものです。この要求に従うことで、生徒は従属する立場にあることを公に認めたことになります。

それに対して前者の言い方は、他者に対する影響を強調する依頼として提示されています。また、より対等な関係のなかでメッセージが発信されていることが分かります。教師の権威を排除することなく、また従属するわけでもなく、道徳的な選択を生徒に提供しています。加えて、その人たちの行為の結果を明らかにしつつ、人はその場にいる人たちに対して自分の要求をしてもいいことを公表しています。さらに、あなたの考えを説明する形で、どうしたらいいかも示しています。

見習うことを基本にした多くの学び方と同じで、建設的で社会的なマナーをモデルで示すことは極めて有効です。しかし、それがもっとも有効なのは、論理に裏づけられているときと、その論理がほかの人への影響を強調しているときです〔参考文献140参照〕。

　このことは、しつけを行う際にも当てはまります。計画した行動に対して感情的な帰結を強調するしつけは、子どもの共感と社会的な行動のレベルを押し広げることになります〔参考文献51参照〕。たとえば、「そんなふうに椅子にもたれかかっちゃダメです」と言う代わりにジョンソン先生は、「あなたに怪我をして欲しくないのです」と言いました。

　このような教師の投げかけが生徒との関係を強化し、教師が気にしてくれていると思うことで、学業においてもよりやる気を示すようになるのです〔参考文献195参照〕。さらにジョンソン先生の発言は、他者への思いやりと自分の行動には責任を果たすという、クラスにおける大切な価値をモデルで示すと同時に強化もしています。このような発言が、社会的想像力と思いやりについて、クラスでの話し合いを引き起こすことになります。

　思いやりの大切さは、スーズィー・アルソフ先生が教える幼稚園児たちにも見られます。ある日、アルソフ先生が、子どもたちがすでに学んだ言葉を「言葉の壁」に貼り付けようとしていたときのことです。貼り付けるためには椅子に上らなければならないときもあります。それを察したカディーアが、「気をつけて！」と言いました。それを聞いたアルソフ先生が、次のように言いました。

「カディーア、周りの人を大切に思ってくれてありがとう。周りの人のことを気にするあなたを息子にもっているお母さんは幸せです」

これは褒め言葉のように聞こえますが、ちょっと違います。先生は「ありがとう」と言って、カディーアの発言を資質としてとらえたのです。と同時に、彼が実際にそれが続けられるような有効なナラティブ（語り）を提供したのです。

同様に、社会的行動の帰結や親切心と寛大さを示す動機は、もっとも効果がありそうです［参考文献51参照］。子どもに十分なサポートが得られる環境を提供し、道徳にまつわる問題を考えさせ、説明や提案を提供するような子育ては、親にとってもっとも適切な行動と言えます。もちろん、学校で教える場合も同じです。

ここで紹介したことは、クラス運営に限定されるものではありません。言うまでもなく、道徳的な主体性として社会生活のなかで見たいと思っていることです。

ある研究者たちは、ナチ支配下のドイツで、ユダヤ人を助けようとした人たちと、そうしなかった人たちについて調べました［参考文献140参照］。インタビューのなかで、助けた人たちは、彼らに影響力のあった両親などの大人から寛容さを受け継いでいました。それは、親をモデルとして示されたことと、親の明白な発言を通してでした。

親たちは、しつけの際に因果関係を示す発言を使うことが多いほか、自分たちの道徳的な責任はすべての人に対してであることを強調していました。そして、実際にそれを行動でも示していました。そして、ユダヤ人を助けなかった人たちに比べて、家族の関係も相互により近い関係にありました。家族のなかで思いやりのない態度を子どもが示したとき、親はしつけましたし、それは思いやりを示すことを目的として行われました。

それに対して、権威的で懲罰的なしつけは、善悪の判断力、共感、社会性のある行動などといった発達の妨げになります。実際、子どもに対しては、問題のあるモデルを提供しているとさえ言えます。

逆に思うかもしれませんが、社会的な行動に褒美を与えることは懲罰的なしつけと変わりません。どちらも同じ要素を含んだものなのです。事実、病院に入院している子どもたちを助けたら報酬をもらえると思った二年生と五年生は助ける傾向がありますが、報酬をもらえないと分かった瞬間、その傾向が減りました。

言い換えると、報酬は社会的な行動を短期的には高めますが、常に報酬によって駆り立てられていた子どもは、報酬がない場合はやる気を失ってしまうということです[13]［参考文献53参照］。

（13）報酬や褒美の弊害に興味のある方は、『遊びが学びに欠かせないわけ』（学校教育制度全体がそれによって構築されていることを数多くの事例で指摘しています。とくに、一八六～一九一ページ）を参照してください。

長期的な視点

読者のみなさんは、私があまりにも大局を見過ぎているのではないかと思っているかもしれませんね。つまり、学校教育はそんなに長い期間にわたって必要とされるものではないし、そんなはずはないと思っていませんか？

一九九七年にはじまった実験ですが、二人の研究者が異なる就学前のプログラムについて、長期間にわたる影響を比較していますのでそれを見てみましょう［参考文献161参照］。

実験では、貧困状態で生活している三～四歳児の子どもたちが無作為に分類されて、異なる就学前のプログラムを受け、二三歳になるまで追跡調査されました。両方のプログラムとも毎日二時間半行われ、二週間に一回の家庭訪問によってその効果が詳述されました。

一つのプログラムは、行動主義の伝統に則った直接指導方式を取っていました。指導案が用意され、教師主導のもと、系統学習のアプローチで学業成績に焦点が当てられていました。ちなみに、しつけは、系統だった報酬と罰によって行われました。それに対して、ハイ・スコープ・プログラム(14)は、構成主義と認知発達の伝統に基づいて、教師と子どもたちによる協働的な計画が重視されたものでした。

後者は、計画－実践－評価のサイクルを回し続けること、子どもたち自身に学びをコントロールさせること、そして自分の選択と行動の結果を振り返る、といったことが含まれていました。直接指導のプログラムに比べて、ハイ・スコープ・プログラムの場合は学業をより幅広くとらえており、学びや社会的・感情的な問題、さらには健康や幸せといったことにまで重視されたものとなっています。そのなかには、子どもたちのいざこざは、問題解決の手法を使って自分たちで解決させることも含まれています。

ハイ・スコープ・プログラムの最後の部分は、本章で私がこれまで紹介してきた部分と一致しています。たとえば、人間関係にまつわる問題解決は、ハイ・スコープ・カリキュラムの中心的な部分であり続けていますし、それには、最初に子どもの感情を認め、それから問題にまつわる情報収集を行うことが含まれています。つまり、理由を尋ねることは含まれていないということです。したがって、「なぜ、彼を叩いたの？」ではなく「何が問題なの？」と尋ねることになります。

子どもに問題の説明をしてもらうことは、心理的な距離を多少提供することになります。それ

(14)　詳しくは、https://highscope.org/ja を参照ください。このプログラムとは関係ありませんが、日本語で入手できるものとしては『「考える力」はこうしてつける』の実践が参考になる／似ていると思います。

に対して「なぜ」と尋ねてしまうと、その人の観点からのナラティブ（物語）を反応として得ることになり、そのなかに、私たちが扱いたくない疑わしい内容も含まれてしまうからです。次に、教師が問題を言い直します。そうすることで、子どもたちが合意できる問題に焦点を当てることができます。

子どもにとっては、解決法を受け入れることができ、個人的すぎるものでもありません。問題がはっきりしたら、あなたは「この問題はどうやって解決できますか？」と尋ねることができます。そして必要なら、可能性を提供することもできます。最終的には、「あなたたちが問題を解決しました。あなたが、問題が何であるかを明らかにし、そして解決策を考えたのです」と、主体的なナラティブ（物語）を子どもに提供することができるのです。

二つの異なるプログラムの学業成績（少なくとも、テストの結果）は、変わったところがありませんでした。だからといって、影響がまったくないというわけではありません。実際のところ、実験はハイ・スコープ・プログラムに参加した子どもたちのほうが望ましい結果を導き出しています。人間関係と道徳的な主体性に関しては、それがとくに顕著でした（**表7-1**を参照）。

このような結果は些細なものではありません。子どもたちを二七歳まで追跡した実験でも同様の結果が得られているのです［参考文献160参照］。研究者たちは、これに対する恩恵として、就学時前教育に費やした一ドル当たり七・一六ドルもの見返りがあると算定しています［参考文献162

表７－１　直接指導とハイ・スコープの就学前プログラムに参加した児童が23歳になるまでに示した結果の比較

社会的道徳的発達の指標	参加人数に占める割合（%）	
	ハイ・スコープ	一斉指導
就学期間中に情緒障がいや動揺で治療を受ける	6	47
ボランティア活動に取り組んだ	43	11
重大な犯罪で逮捕される	10	39
窃盗事件で逮捕される	0	38
いろいろな人が彼らは問題を起こしていると報告した	36	69
結婚して、配偶者と生活している	31	0

参照〕。

また、ハイ・スコープ・プログラムとそれに参加していなかった子どもたちを四〇歳まで追跡調査した結果では、ハイ・スコープ・プログラムの子どもたちは高校を卒業する割合が二〇パーセント高く、就職率は一四パーセント、平均所得は三五パーセントも高いという数字が得られました〔参考文献159参照〕。

さらに、犯罪率も大きく異なることが分かっています。研究者たちは、プログラムに１ドル費やしたのに対して、一二・九〇ドルの投資効果があったと算出しています〔参考文献136参照〕。もちろん、投資効果には、プログラムに参加した個々人と、彼らと直接対峙していた家族のなどへの利益は含まれていません。

就学前と四〇歳までの間にはたくさんの変数が存

在しますから、あなたは右記のような研究に対して懐疑的な反応をするかもしれません。しかし、子どもたちは無作為に選ばれたことを思い出してください[15]。個々の子どもの行動が出来事を起こす可能性に変化をもたらすという枠のなかで、その後のさまざまな出来事も、当然のことながら無作為に分散されています。この研究結果は、本書を通じて紹介している短期間の実験結果と一致しているので、私は信頼しています。

もし、教師の介入が子どもの社会的想像力を変えたとするなら、その後、その子どもは異なる行動を選択したり、異なる関係を築いたりする可能性があるので、さらにその後の選択や関係に影響を及ぼすことになります。このように、介入が子どもの軌跡を変えるのです。

ここで紹介したような長期にわたる研究は、極めて稀なものです。しかしながら、教育にまつわる実践の評価としてここで示した指標は、頻繁に提供されている、取るに足りない学力テストなどの結果に比べてより重要であると言えます。

道徳的な発達を真剣に考える

好むと好まざるとにかかわらず、私たちが算数・数学や理科や国語を教えるときは、特定の形の道徳的な発達も同時に促していることになります。そんなことはないと偽ったところで、証拠を変えることにも、子どもや社会によい結果をもたらすことにもなりません。

道徳的な発達を真剣に扱うことは、他の章で考えた（たとえば、子どもたちの社会的想像力を育む）ことと同じような改善が必要です。それには、一つの転換が鍵を握ると思われます。この転換ですが、教室で起こる対立は学業を妨げるものとしてしか私たちは見ないので、教師の権威を発動する形で可能なかぎり素早くそれを消し去ろうとします。

確かに、そうすることで素早く学業には戻れるのですが、子どもたちに道徳的な権限や責任をもたせる機会を失わせていることになります。これらの中断や妨害を、道徳的な羅針盤を形成し、人間関係にまつわる問題解決の方法や意思を身につけるためのチャンスととらえたほうがいいのです。

不幸にも、学力テストなどでより良い点数を取るためのプレッシャーが教師にかかっていますので、より権威的になり、人間関係などの問題を解決するために時間とエネルギーを割きたがらない環境に教師が置かれていることは残念としか言いようがありません〔参考文献40・123・154参照〕。

そのうえ、対立に取り組むことも容易ではありません。私たちの多くは、対立したときに、ほ

---

(15)　と同時に、極めて貧困家庭の多い地域で行われた実験だったことも思い出してください。

かの人とどのように話せばいいのかという練習をしたことがありません。この事実が、子どもたちにモデルを示したり、足場をつくったりすることを困難にしているのです。念のために言いますが、対立は、私たちの前提や価値観を疑うという機会を提供してくれるのです。と同時に、子どもたちは、対立によってもっとも取り組みがいのある道徳性を発見するのです。

人間関係にまつわる問題は、異なる視点を理解したり、感情を理解したり、コントロールしたり、対立した際に必要となる交渉する方法を学んだり、そして公正へのコミットメントを強く主張したりする具体的な場を提供してくれるのです。対立は、思いやりがあり、共感的な行動を大切にしていることを明確にさせ、思いやりのない行動を否定します。

また、感情的な帰結との因果関係も明らかにしてくれます。対立に遭遇し、協力して解決することは当たり前であると私たちは強調し、自分の感情と言葉をコントロールし、他人の感情も認めるため、このようなチャンスを活かす必要があります。そして、時には、思いやりのない選択や結果を指摘し、それらは受け入れられないことを見せるのです。

このような考えと行動の仕方を、子どもたちは容易に受け入れません。大人でさえ、共感を示したときにバカにされたという経験をもっており、それが公正への努力を無に帰してしまう場合があるのです。[16]たとえば、言葉をより公正なものにしようと努力したとき、冷やかされるように「政治的に正しい」という一言が発せられたことで中断してしまうということです。

使い慣れた言葉を変えることに不快感を覚えた（あるいは、現在の社会構造に満足している）人たちによって考え出されたこの「政治的に正しい」という言葉は、極めて効果の高いものでした。それだけに、子どもたちの共感的な感情を笑うという他者に対してどのように抵抗したらいいかを見せたり、友だちを見つけるときに思いやりの要素を加えたり、親切で勇気のある振る舞いをしたりすることを助ける必要があります。

しかしながら、こうしたことは、すべて経済的に困窮した都市部の子どもたちに対しては、口で言うほど簡単ではないことを認める必要もあります。というのは、そのような地域においては、生きるために必要なこととして「攻撃性」が歴然と存在しているからです。そのような生徒との会話を、他人事のようにとらえてはならないのです［参考文献116参照］。

私たちの会話は、異なる方法がどんな状況においてももっとも効果的であり、教室で提供する練習がどれほど役立つかについて子どもたちが認識することを助けます。

道徳的な観点を踏まえることなく主要教科を教えることができると装うことに意味はありません。同じく、万人が合意できる道徳的な規範があると装うことにも無理があります。しかし、精

（16）politically correct は、直訳すると「政治的に正しい」ですが、意訳すると「公正な、偏見や差別のない」という意味になります。

神的に健全な道徳的な担い手として子どもたちを育てる、ということに関しては合意が得られることでしょう。精神的に健全な道徳的な担い手とは、大切に思う道徳に対してはしっかりと要求し、他者に対して自分と同じものを要求することなく、違いを公正に交渉できると思っている人のことです[17]。これらの資質は、クラスでの生活を道徳的に紡ぐ際の「糸」であり、民主的な社会を形成する際の「基盤」となるものです。

(17) 翻訳協力者から「これらは道徳の教科化で育てられるのか?」という疑問が提示されました。確実に無理です。ステレオタイプの反応を期待するような内容の授業が展開されるからです。少なくとも、読み物教材から卒業しないと無理です! 私がすすめる道徳の教材は、『人間関係を豊かにする授業実践プラン50』と、それのベースになっている『わたし、あなた、そしてみんな——人間形成のためのグループ活動ハンドブック』です。

第8章

一緒に考え、力を合わせて取り組む

人類（および動物の種も）の長い歴史において優勢を得てきた者は、もっとも効率的に協働することや即興で対応することを学んだ人たちである。（チャールズ・ダーウィン・Charles Darwin, 1809～1882）

私たち人類の強みは、一緒に考えられる能力にあります。個々人では、食物連鎖のトップにいることはあり得ません。人類は、より優れた感覚、より周囲に溶け込む能力、より早いスピード、より素早い空中や水中での移動能力などをもった捕食者に襲われやすい存在なのです。筋肉の強さという観点からしても、いくつかの例外を除くと、私たちは小さくて弱い存在であると言えます。

幸いにも、私たちはいくつかの重要な強みをもっています。私たちは群れをつくる習性があり、言葉をもっており、そして考えることができます。これらの強みを活かすことで、私たちは数による力と専門化の可能性を拓いてきました。専門化が可能になるのは、考える能力と言葉によって、目標や行動を調整する能力が私たちにあるからです。そして最終的には、これらの力がすべて統合される形で、一人では解決できない問題を複数の人間が協力し合うことで解決をしてきたわけです。(1)

しかし、これまでに私が体験したさまざまな委員会での会議や政治家との面談では、社会として、これらの強みを活かしきっているとはとても言えないようなものが多いです。(2)

協同および協働学習の効果についてたくさんの研究がなされているにもかかわらず、社会全体としては、これらの方法における重要性と可能性を真剣にとらえているとは言えません(3)［参考文献86参照］。私たちは依然として、子どもたちの能力を、個別の学業成績やテストでよい点を上げることができるか否かでしか見ていません。

子どもたちが一人で考えられる言葉を使いこなすという能力は、その起源がそもそも協力して一緒に考えられることにあったことを私たちは都合よく忘れてしまうのです［参考文献190参照］。と同時に、意味のある多くの問題は、二人以上の頭をうまく使いこなす必要があることも忘れてしまいます。そこで問うべき質問は、「三人バラバラではなし得ないことを、三人の頭をうまく協力して使いこなせるように、子どもたちは学ぶことができるだろうか」となります。

この質問を念頭に置いて、九〜一〇歳児が、言葉を使わないIQテストの論理的な問題を、協力して解くという次の事例（次ページの**図8－1**を参照）を考えてみてください〔参考文献124〕。問題は、八つの選択肢のどれがパズルの欠落している部分かを判断するというものです。(4)

パズルは、ある種の複雑性と体系性をもちながら、縦横三列ずつパターン化されて並んでいます。問題を解くには、パターン（構造）を解き明かさなければなりません。たとえば、縦列・横列ともに描かれている要素（パターン）が、九〇度回転したり、消えたり、現れたり、背景が変わったり、配列が異なる場所ではじまっていたりしています。

テス、グレアム、スーズィーの三人は、問題「D9」のパターンを探しており、下に掲載されている八つの選択肢のなかから、右下に当てはまる解答を選ぼうとしています。

---

(1) この点がホモサピエンスとネアンデルタールの最大の違いとも言われています。
(2) 日本でも、国会をはじめとして、すべての議会や会議で見せつけられている光景は、悲しいとしか言いようのないレベルとなっています。
(3) 協同学習には『学習の輪　学び合いの協同教育入門』が、協働学習には『「学びの責任」は誰にあるのか』がおすすめです。
(4) 「レーヴン漸進的マトリックス」を指しています。このキーワードを入力して検索すると画像が見られます。

図８−１　レーヴン漸進的マトリックス、問題D9

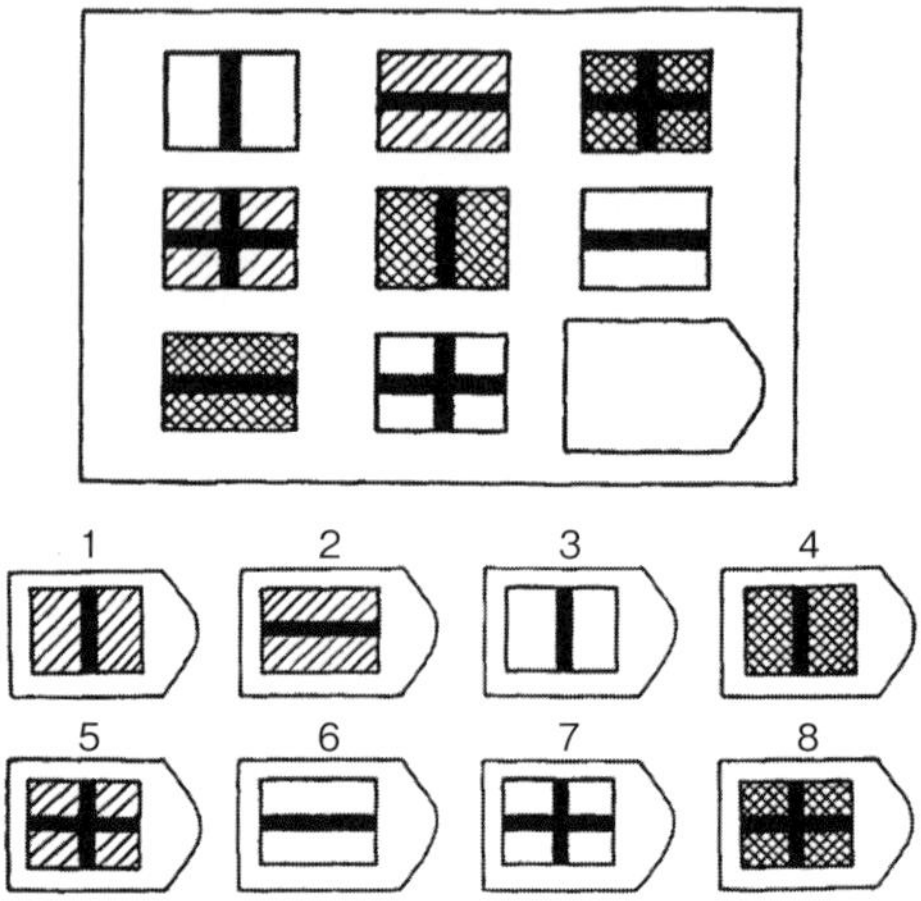

事例１

テス　それはこれじゃない。
グレアム　そう、２だ。
テス　２がそこだよ。
グレアム　そう、２。
テス　２がそこだよね。
グレアム　君はどの番号がいいと思うの？
テス　２だよ、それ以外に考えられないもの。
グレアム　２でしょう。見て、１と２。
テス　数えられるよ。みんな合意できた？
スーズィー　（２に丸をしながら）いいえ、まだ。
グレアム　２に丸をしながら、言ってるよ！

［参考文献124］

みなさん、楽しめていますか？　彼らのやり取りで問題を見つけることは難しいでしょう。結果的に間違った選択もしています。このやり取りでは、個々人が正解を得ようとしています。ほかのメンバーがいるにもかかわらず、各自がバラバラに問題を解こうとしているのです。つまり、力を合わせて問題を解こうとはしていないということです。実のところ、第２章で見たように、結果を志向するあまり、考えの相違を関係性の対立に変えてしまっているのです［参考文献124］。

プラス面は、テスが簡単な説明を提供し、自分たちが合意したかを確認していたことです。しかしながら、彼らの選択の背景にある考えは提示されず、スーズィーはやり取りから排除されていました（自ら進んで抜けていました）。

次に、同じメンバーによる異なるやり取りを「事例２」で見てみましょう。

事例２

スーズィー　今度はD9。これはちょっと複雑だ。きっと……。
グレアム　そんな線かもしれない。でも、こっちの線じゃないと思う。
テス　それに違いないと思うよ。
グレアム　これに違いないと思うけど、どう思う？　ほかのは全部、こんなのや、あんなのをもっているから、これに違いないと思う。
テス　僕は６番だと思う。

スーズィー　違うよ、1番だよ。

グレアム　ちょっと待って。僕たちは6番だと思ったんだけど。待って、君は1番だと思うわけね？　それはここにはついてないけど、あれにはついてる。ということは、1番という気がする。それにはこれがついてるから。そうだよ。君も賛成する？

（テスは合意の印として、うなずく）

スーズィー　D9は1番です。（スーズィーは正解の「1」と書き込む）［参考文献124］

「事例2」のやり取りは、「事例1」とはかなり違っています。彼らは同じ問題を解こうとしていますが、「事例1」とはまったく違った話し合いをしており、個別にではなく協力して正解を得ようとしています。つまり、自分の考えをほかのメンバーに提供しようとしているのです。説明も前のときより長く、「〜思う」という言葉を使うことによって、違う可能性があることや不確実性を表しています。お互いの関係を表している調子も異なり、それが大きな違いを生んでいるようです。

また、これまでの章で見てきたように、子どもたちは一緒に考えることを学んでいるだけでなく、お互いのことについて考えたり、どう扱ったりしたらいいかについても学んでいます。二つの事例において、メンバーに仲間の能力を予想してもらったら、二番目のほうが確実に高い結果を得ることでしょう［参考文献38参照］。

これら二つの事例が面白いのは、まったく同じメンバーによる話し合いが記録されていることです。しかも、一緒に協力して考えることを学ぶ前後とも、同じ問題を扱っているところです。

この二つの事例は、ニール・マーサー(5)と同僚たちによる研究から引用したものです［参考文献124］。そのなかで、子どもたち三人は言葉を使わない論理的なテストを受け、そのあとで異なる形式のテストを個別に受けました。三か月後、同じように三人組のグループと個別にテストを再度受けました。その間、子どもたちの半分は一緒に協力して考える方法を教えてもらいました。

先の二つの事例からも予想がつくように、一緒に協力して考える方法を学んだ子どもたちは、三人組のグループでのテストではいい点を取りました。そして、グループのＩＱも高くなりました。加えて、そのあとに受けた個人用の他のＩＱテストでも、協力して考える方法を学んだ子どもたちは、学ばなかった子どもたちよりも高い点を獲得していました。言い換えると、能力差のあるグループで建設的に協力して考えるという経験が、各メンバーの知能テストの結果を上げることに貢献したということです(6)。

（5）（Neil Mercer）ケンブリッジ大学名誉教授で、長年、「聞く・話す」と教えること・学ぶことと関連や、「一緒に協力して考える」ことに興味をもち続けた研究者です。

この研究は、いくつかの大切な点を示してくれています。まず、グループは、メンバーの知能を足したときよりも、より多い（あるいは、より少ない）知能をもつことができるということです。二番目は、個別の知能を足したときよりもグループの知能を大きくするための方法は学ぶことができるということです。

グループの集団的な知能は、メンバーの平均や最高値とは関係ないということも分かっています［参考文献199参照］。しかしながら、グループの知能は、すでに第5章や第7章で見たほかの要素と関連があります。それは、グループに対してもっているそれぞれの社会的感受性の平均値と、グループがどれだけ均等に話し合いを行っていたか、(7)ということです。また、グループの知能は、女性の割合とも関係していることが分かっています。それは、社会的感受性と置き換えることができますし、男性でも学べることが分かっています。

換言すると、複数の頭脳の効果は、個々の能力に左右されるとはいえ、歴史的に考えていたほどではないということです。より面白い点は、個別に考える能力は、一緒に協力して考えられる能力にかなり依存しているということです。一人ひとりの頭脳は、会話によって育まれるのです。つまり、コミュニティーのなかで相互作用的な思考によって育まれるということです。

一緒に協力して考えられるということは、一人でもよく考えられることにつながります。でも、一緒に協力して考えるからといって、会話に合理的な論理があるわけではありません。一緒に協力して考えるなかで、相互に社会的・感情的なサポートを提供し合うことが、一人ひとりの頭脳を発達させるためには重要なのです。

「非言語」で「文化的に公正な」ＩＱテストによって、グループのなかでの言語的なやり取りという経験のもと、知能は変えられることを研究は明らかにしています。これは、固定マインドセットを受け入れている人々にとっては驚きかもしれません。彼らは、生まれながらに才能をもっていない子どもたちに頭のいい子どもたちが教えることは時間の無駄であると、協同／協働学習に対してしばしば不満を漏らしています。

しかしながら、先の研究が示すように、それが真実ではないことが分かります。言い換えると、たとえ（愚かにも）個人主義的な発達の見方をもち続けたとしても、一緒に協力して考えることが個別の生徒によい影響をもたらすほか、もっともよくできる生徒も、そのやり方さえ知ってさえいれば協力することでさらにできるようになるので、子どもたちに協力して考える方法を教えることは正当なものであると言えます。

（６）これは、少人数学級で等質化することはなんのメリットもないことを証明しているようです。この点についての関心のある方は、『遊びが学びに欠かせないわけ』と『ようこそ、一人ひとりをいかす教室へ』をご覧ください。

（７）とくに後者の、参加者が均等に話し合いに参加することに焦点を当てた実践については『最高の授業』で詳しく紹介されています。

研究結果は、上記のような協同／協働学習の効果は一貫して肯定的であることを示しており、その結果も、問題解決や文学のみに限定していません。同じような影響が、理科や算数・数学でも立証されています［参考文献16・142・172・200参照］。

実のところ、私がもっとも惹きつけられるのは、その影響の幅広さです。協力して考えることは、単に学業成績の向上に貢献するだけではなく、学業以外の面も含めて、子ども全体と子ども自身、および子どもとかかわるすべての人との関係に影響してきます。

研究者であるトリッキーとトッピングは、たくさんの実証的な研究を再考察し、協力して考えることを教えられた子どもたちは、教えられなかった対照群の子どもたちと比較して、次のような点で向上したことを発見しました［参考文献184参照］。

- 推論能力
- 解釈
- 表現言語
- 創造的思考
- 前提の検証
- みんなの前で話そうとする意欲
- 他人の考えを聞いて、それについて考えようとする姿勢
- 自分の視点を裏づける理由や根拠を示す頻度
- 対人関係の質
- 自信、セルフ・エスティーム、粘り強さ
- サポーティブなグループ内でのやり取り

子どもたちは一週間に一時間しか協力して考えることをしていませんでしたが［参考文献182・185参照］、これらの効果はかなり長い間にわたって有効性を発揮しました［参考文献181参照］。

これらの効果（対象年齢にかかわらず一貫した結果を得る）が、協力して考えることを子どもたちに教えることの大切さと、あなたを納得させる材料になることを願っています。前掲したリストはとても重要で、教えることや教育は、単にテストの点数をよくすること以上のものであることをこれらが思い出させてくれます。

それにもかかわらず、もしあなたが指導の効率性を強調したい（つまり、学業中心の指導に集中したい）というのであれば、ここで紹介し、獲得されたものは、生徒たちと一緒に教師がいなかったときにつくり出されたものでしょう。

たとえこれらの効果が認められなかったとしても、私は協力して考える方法を子どもたちに教えるべきだと考えています。その理由は、私たちが遭遇するほとんどの問題は、一人の頭脳で対処できるようなものではないからです。複数の頭脳、そのパワーが必要なのです。そのことについて、アインシュタインは次のように指摘していました。

「どんな問題も、その問題がつくり出された水準からさらに上の水準まで昇って考えなければ解けない」

しかしながら、最初の事例で見たように、単に複数の人間を一緒にするだけでは効果的な問題解決には至りません。実際、協力して考えることを学ぶ前のグループの成績は、一人ひとりの平均点数よりも悪い結果が出ました。この事実は、あなたが参加している会議やアメリカ議会を思い出させるはずです。

一方、普通の会議でも上出来となる問題解決を達成することがあります。そこでマーサーら研究者は、問題解決をもたらす話し合いと、もたらさない話し合いの違いは何かについて分析をしました。

ここまで読まれた方は、彼らが何を発見したか予想がつくはずです。問題解決をもたらす要因として、それぞれが話す時間の長さ（11対0）、「私は～と思います」（24対1）、「賛成です」（18対3）、「なぜなら」（26対6）などといった言葉が頻繁に使われていたことが挙げられていました[8]［参考文献124参照］。換言すれば、グループのメンバーが自分の考えを明らかにしたり、ほかの人に自分の考えを提供したりするのに十分な時間を割いたとき、彼らはいい結果を生み出すということです。

子どもたちが協力して考えているとき、彼らは方法を編み出し、それらの方法はほかのメンバーが使えるようにもなります。ティング・ドンらの研究者たちは、子どもたちが本について話し合っている際に使う討論の仕方について調べました［参考文献47・158］。彼女らは、道徳的な矛盾が含まれている物語を意図的に選びました。『歯いしゃのチュー先生』［参考文献176］、『紙ぶくろの王女さま』［参考文献130］、『*Ronald Morgan Goes to Bat*（ロナルド・モーガンが打席に立つ）』（未邦訳）［参考文献60］などです。これらによって、子どもたちは自分の見解を明らかにするからです。つまり、異なる視点を使いながら、協力して考え、物語をより良く理解しようとするのです。

これらの話し合いのなかで、子どもたちは次のような討論の仕方を使っていました。

・（理由）なので、私は（見解）と考えます。
・この物語のなかで、（証拠）と書いてあります。
・もし（行動）なら、（悪い結果）になるかもしれない。
・もし（シナリオ）ならどうだろうか？
・でも、（反論）。
・（クラスメイトの名前）に話させよう！
・（クラスメイトの名前）を（シナリオ）の状況に置いたらどうなるだろう。
・（クラスメイトの名前）をどう思う？

（８）（11対０）や（24対１）などの表記は、前の数字が話し合いをうまくできたグループで、後の数字はうまくできなかったグループを表しています。

子どもたちは、こうした方法を使ったほか、ほかの方法も雪だるま式に生み出していきました。話し合いのなかである方法が使われると、それが再度使われる可能性は八八パーセントと極めて高いのです。さらに、それが二回使われると、三回目として使われる可能性は九〇パーセントでした。

使われる頻度は加速します。最初に使われるまでの平均時間はおよそ六分ですが、一度使われると、二度目に使われるまでには三分、三度目までは一分三〇秒となっています。そして、同じ子どもがその方法を使うのではなく、使われ方が広がっていくのです。すべての話し合いのグループを見渡して、ある方法が六回使われたときには、参加者のおよそ半分がその方法を使っていたという結果が出ています。さらに、八回以上使われると、三分の二の子どもがその方法を使ったことになります。

子どもたちは、グループとしてやっていたことを個々のレベルで獲得していたのです。そして、子どもたちが事後にエッセイを書くように言われたとき、話し合いのときに使っていた方法が文章の形でも表れていました。

ほかの研究者たちも、同じような結果を見いだしています。たとえば、長い話し合いを行ったあとの八年生のジャーナルを分析したある研究者は次のような発見をしています。新しい情報源からの証拠を提供したり、他の文献や事前にもっていた知識と結びつけたり、複数の解釈の仕方を提供したりするのが、短い話し合いしかしなかったときに比べて二・五倍も増えていたのです［参考文献109参照］。

一人の生徒が次のように書いていました。

自分を裏づけるために証拠をもっている必要があります。解説的なことや自分が思っていることだけを言って、ほかの人が賛同してくれるはずがありません。いま学んでいるように、感情はみんな強くもっているけど、それだけを話しても説得力はなく、証拠、引用、数字などで裏づけられるようにしておかないとダメです。自分はこのように思います、と言うだけではみんなが聞いてくれるはずがありません。（中略）このクラスで真剣に聞いてもらいたければ、たくさんの裏づけとなる証拠をもっていないとダメです。

対話を基調にしたグループで協力して考えることを学んだ子どもたちは、互いのことと自分のことを真剣にとらえることも学びます。子どもたちはお互いの言うことを聞き、そしてお互いを面白いと思うようになるのです。このことは、学びのコミュニティーという観点からとても重要なこととなります。

このようなやり取りをつくり出すことは、それほど難しくはありません。実際、ティング・ドンたちの研究を事例として紹介したのは、実験の対象が中国人と韓国人の四年生たちだったからです。

彼らの学校での経験は純粋に教師による独白（一方的な伝達型の授業）で、教師が質問をし、生徒が個別に答えるか、生徒たち全員が声を揃えて答えるという方式を取っていました。(9) しかし、子どもたちはすぐに順応しました。たとえば、中国の安徽省・馬鞍山市ではわずか一分四〇秒の説明で、子どもたちは対話的なやり取りを行いはじめたのです。また、研究者たちのほうを見て確認しなくて済むようになるまでわずか一分でした。そして、子どもたちの最初の話し合いは三〇分以上も続きました（詳しくは、次ページの**コラム**を参照ください）。

研究者たちの説明には、子どもたちに役割を振り分けていませんが、「互いによく聞き、互いを真剣に受け止め、そしてすべての発言に耳を澄ます」［参考文献47］ことが含まれていました。

COLUMN　中国人の４年生を対象にした実験

子どもたちが対話的な話し合いをはじめる前、ドン先生は次のように説明しました。

「私たちは４冊の絵本について四つの話し合いをします。それぞれの絵本を読み終わったら、私が質問をします。それには正解がありません。別な言葉で言えば、あなた方は異なる考えをもっていいということです。あなた方は、手を挙げることなく自由に話すことができます。でも、ほかの人が話しているときは割り込まないでください。ほかの人の考えを、敬意をもって聞いてください。話し合いはあなた方のものです。私がスタートさせますが、話し合いをうまく運ぶのはあなた方の責任となります。もし、発言しない人がいたら、話し合いに招き入れてあげてください。先に言ったように、あなた方は違った考えをもっていいのです。そして、その違いを楽しんでください。最初の質問は『歯いしゃのチュー先生は、次の日にキツネの歯の治療をしてあげるべきでしょうか？』です。（５秒間の沈黙）話すときに私のほうを見る必要はありません。自分たちのことだけを見てください」

子どもたちへの説明は、民主的な対話をする際に大切となるポイントがすべて触れられています。しかも子どもたちには、話し合うのに面白く、挑発的な内容の絵本が提供されていました。この説明を、１冊の本にする形で紹介しているのが『最高の授業』ですのでぜひ参考にしてください。なお、『紙ぶくろの王女さま』を題材として使った場合の質問としては「紙ぶくろの王女さまは、王子さまを助けに行くべきだったか？」あるいは「紙ぶくろの王女さまは、ドラゴンによる事件が起こるまでなぜ王子さまの人柄に気づけなかったのか？」（大人が対象の場合は、「この絵本に描かれているのと近いことで現実世界で体験していることにはどんなものがあるか？」）などが考えられるかもしれません。

聴くこととパワー

メアリー・コウィー先生は、クラスが本当に対話的な話し合いをしているかどうかを見極めるために次のように言いました。

「もっともやる気のない子どもたちや、もっとも言葉を発しない子どもたちに対話のリーダー役をやらせます。逆に、もっとも発言の多い子どもたちには、発言したり、質問をしたりする前に、クラスメイトの視点でじっくりと聴いて考えられるようにすることが必要です」［参考文献34］

わざわざこんなことを書くのは些細なことだ、と思われるかもしれませんが、対話をもつためには互いに聴く必要があるのです。私があえてこのことに言及するのは、話し手の言うことを本当に聴くことはそれほど行われていませんし、いったん聴く場面さえつくれれば、それはさらなる聴くことにつながるからです。また、興味があるから聴くのと、警戒や責任として聴くこととはかなり異なります［参考文献21参照］。

子どもたちがお互いを面白い存在であると同時に、学びの源泉として理解するようになると、みんなが元気になれ、疲れを感じてしまう慎重な聞き方が減ります。

そうなると、最初のステップは、子どもたちがお互いを面白いと思えるようにすることです。

そのためには、自分たちがしていることと関連する興味関心、体験、視点を引き出すことが必要になります。たとえば、子どもが自分の書く題材を選べたり、特定のテーマについての書き方を選べたりすると、よりたくさんのことが書けたり、クラスメイトたちが読みたくなるようなことが書けるようになったりします。また、書く内容がかなり明瞭なものであれば助けにもなります。

ジェナリン・ジョンソン先生が子どもたちと読んだばかりの本について話し合っているとき、一人の子どもが「まとめられますか?」と尋ねました。

「いいでしょう」と先生は言い、さらに次のように付け加えました。

「一〇秒ほどの時間を使って、自分の頭の中でこの絵本の主題かもしれないことについて考えてください。あなたの主題を裏づける必要もあります」

一〇秒後、先生は次のように言いました。

「それでは、パートナーと向き合って、二人で協力してどんなアイディアを出せるか話し合ってください」

子どもたちは、興味があるうえに準備もできていたので、完全にのめり込んで話し、そして聴くという活発な話し合いを行いました。ジョンソン先生が「主題」と言ったので、それが確実性

---

(9)　日本の多くの教室でも、このアプローチが依然として取られているのではないでしょうか?

と固定マインドセットの方向を示したかもしれませんが、「（主題）かもしれない」と「あなたの（主題）」という言い方をしていたので、確実性への要求を弱めていました。[10]と同時に、先生は子どもたちに証拠となるものを提示するように言うことで、自分の考えに責任をもつようにもしていました。

子どもたちが上手に聴けるようにするには、テーマについて、パートナーの視点を学ぶ形で説明できるように求めることが考えられます。まず、パートナーが何を考えているのかを知るためにできることを尋ねます。そして、もし完全に理解できないときは、どうしたらいいのかを尋ねます。

その後、教師はモニターし、必要に応じてすることを思い出させたり、聴き方をモデルで示したり、それらをすることによって得られるものを見せたりします。これは、幼稚園児たちにとっては（と同時に、政治家やほかの大人たちにも！）難しいことかもしれません。以下のやり取りは、スーズィー・アルソフ先生が教える幼稚園のクラスで起こったことです。

アルソフ先生　あなたのパートナーが何を言ったのか共有してくれませんか？　ふーむ、シャタ－ラ、あなたのパートナーはいま何と言いましたか？　ジャナーヤは何と言いましたか？

シャターラ　私たちは（不明確）ではなかったので、すばらしい一日でした、と彼女は言いました。

アルソフ先生　ふーむ、あなたはそのように言いましたか？（ジャナーヤがうなずく）あなたのパートナーは聴いていました。すばらしくない？　あなたのパートナーは何と言いましたか、ジェイムズ？

ジェイムズ　いいえ、私が言いました。

アルソフ先生　違います。あなたのパートナーが何と言ったのかを、あなたに尋ねています。

ジェイムズ　彼は……でも……。

アルソフ先生　残念ね。悲しいわ。あなたのパートナーが何と言ったのか尋ねています。マリオ、カーディアが何と言ったのか話してくれますか？（マリオがうなずく）カーディアは何と言いましたか？　あなたがちゃんと聴いてくれていたか、彼は真剣に聴いています。見てください。彼の笑顔を見てくだささい。カーディアは何と言いましたか？

マリオ　（不明確）

アルソフ先生　それが、あなたが言ったことですか、カーディア？　あー、あなたが何と言った

(10)「これは面白い言い方だと思います。発問は、端的な言葉で、生徒が迷わないような言葉で出すべし、という授業論がありました。これは、正解を求めるというアプローチならばよいとされる方法なのでしょうね。これとは反対の考え方だと思います」というコメントを翻訳協力者からもらいました。

のか、彼にもう一度耳打ちしたほうがいいみたいです。パートナーが何と言ったのか言える人はいますか？　それとも、私がみなさんに意地悪をしているのでしょうか？

（少しの間、会話は本質に迫る重要な脱線を必要とし、そして進み出す）

アルソフ先生　デンゼルが何と言ったのか聴いてみたいと思います。

マリオ　ちょっとうるさかった。少しだけ。でも、それほど悪くなかった、と言いました。

アルソフ先生　そうでしたか？　それはあなたが言ったことでしたか？（デンゼルがうなずく）あなたのパートナーはしっかり聴いてくれていましたね。パートナーが言うことを本当に聴くって、いいことだと思いませんか？　なぜなら、パートナーはすばらしい考えをもっているからです。そう思いませんか？

練習を積んでも子どもたちは忘れて、話し合いを、単に自分の声を聞く場所だととらえてしまうことがあります。たとえば、ドン・リード先生が教える四年生のクラスで、メリンダとアンソニーが本について二人で話し合っていました［参考文献134参照］。話し合うための事前準備として、付箋に自分の考えたことを書き出していました。

二人が話し合っているところにリード先生が参加してみたら、アンソニーがメリンダに、付箋に書いたことを説明しているところでした。メリンダは、アンソニーが付箋を読み終わるのを待ってから、自分が書いたことを読みはじめました。そこで先生が介入し、次のように言いました。

「ちょっと待ってメリンダ、あなたはアンソニーが言ったことを本当に聴いていましたか？」

メリンダは、彼が言ったことを繰り返そうとしました。

「アンソニーはこう言ったんだよね。自分はヒョウの本について何か書いたって。ねえ、なんて言ったんだっけ？」

彼が何と言ったのかまったく分からないと気づいたので、彼女はもう一度尋ねました。アンソニーは、自分が言ったことを改めて説明しました。それは、この本は前に読んだ本の叙情的な書き方と似ているということでした。

以前に聞いたときには気づけなかったことを理解したメリンダは、この種の書き方の名前を覚えようとしました。リード先生が、なぜ作者が叙情的なスタイルを選んだのかを尋ねたとき、アンソニーは肩をすくめて「分からない」という反応をしましたが、メリンダは次のようにはっきりと言いました。

「このスタイルは心を落ち着かせてくれるし、おまけにヒョウの怖さを少し和らげてくれる」

二人が話し合いを続けられるように、先生は二人から離れる前に次のように言いました。

「メリンダ、あなたは本当にアンソニーの考えを聴きましたね。そして、二人はその点に焦点を当てて、さらに話し合いました。その結果、二人ともこの本について前よりも理解が深まったし、前には分からなかった作者がしていることにも気づけました。メリンダ、今度は君が付箋について話す番です。アンソニー、メリンダの考えをよく聴く準備はできていますか？」

リード先生が移動する前の解説は、いくつかの重要な点を示しています。まず、メリンダの最初の間違いを無視し、より良く聴けた二回目のほうに焦点を当てることで、教師は肯定的な体験を語って聞かせていました。次に、教師の説明の仕方は、二人の生徒にとって主体的なナラティブ（語り）になっていました。その理由は、聴くという行為の結果、理解を深めることができたという因果関係を教師が提示したからです。

このような建設的なナラティブ（語り）を提供することによって、教師は生徒たちに、対等で、互恵的な関係で、聴くことを中心に据えることを思い出させながら、次は自分たちだけでやってみるように誘っていることになります。

リード先生の介入なしでは、子どもたちはあまり生産的な話し合いの体験をもつことはできなかったでしょう。たとえ、彼らの体験がいいものであったとしても、それを繰り返せるようにはなっていなかったと思われます。あるいは、それを繰り返しすることの価値も見いだせなかったかもしれません。

ひとたび子どもたちが聴くことの（個人とコミュニティーの両方にとっての）価値とそのやり

方について理解すれば、彼らはそれを使い続けますし、どんどん簡単になっていくと感じることでしょう。そして、その過程で、彼らは社会的想像力を拡張するでしょうし、知識に関して固定マインドセットを取らなくなるでしょう。また、認知的閉鎖欲求も低下することになります。

教室というコミュニティーに属するすべての人が、知識をつくり出すために貢献できるととらえられると、従来のクラスに存在していた知識階層（教師をトップにして、できる子どもたちがそれに続き、最後に出来のよくない子どもたちというピラミッド構造）は崩壊します。協働的な話し合いによってより平等な関係を築くことは、クラス全員が協力して取り組み、教室にいるすべてのメンバーが知識創出に参加するという価値を強調します。

聴くことこそが話し合いのベースです。ゆえに私たちは、自分の考えを変えることにオープンである必要があります。隣の人と話し合う（turn-and-talk）という方法(11)は、単に自分の言いたいことを言い、相手にも同じことをさせるためにするものではありません。

私たちがパートナーの言うことを聴くとき、実際にはそれ以上のことを行っています。私たちの身体を通してパートナーに反応することで、パートナーがありのままの自分でいられるようにしているのです。もし、二人の間にしっかりと反応するだけの関係がなかったなら、他者によっ

(11)　この話し合いの仕方については、一七一ページの訳注および、二五一ページまでを読むと分かります。

て影響されることに対するオープンさもありませんし、信頼関係も存在していないことになります。

常に聴かれているということを通して私たちは真剣になれ、主体性をもっていると思えるのです。ここで言う主体性は、「こだわり」と「計画」をもっており、それらに基づいて行動できるという意味です。また信頼は、聴くという行為に含まれているものです。そして、これらは、グループワークの基礎を成すものでもあります。

協力して考えられるように子どもたちをサポートする

聴くこと以外に、協力して考えることには、これまでの章で扱ってきた信念や期待も含まれています。たとえば、人が異なる視点をもち込み、同意を得ることが難しいとき、私たちはもっと多くの面白く、影響力のある話し合いが起こることを期待しています。しかし、考えの相違は、学びを目標に据えているときにより良い学びにつながるものであって、点数や成績が目標のときには学びにつながりません〔参考文献36参照〕。

したがって、対話を大切にした学びを維持することについて私たちが学んだことすべてが、協力して考えることに関係するのです。加えて子どもたちには、ほかの人の考えが自分の考えをどのように刺激するのかということについても知って欲しいと思っています。

最初にすべきことは、子どもたちに協力して考える体験をもってもらえるように準備することです。この体験は、刺激的な絵、本、クラスが抱える課題、算数・数学の問題、科学的な探究のテーマ、あるいはニュースで取り上げられたテーマなどを準備することで可能となります。

ジェシー・ハリソン先生が『父が一〇歳だったときの夏』を使った話し合いをすることによって見せてくれたように（一六三～一六五ページ参照）、パートナーとしばしの間話し合って自分の考えをはっきりさせる方法、「隣の人と話し合う」ことがとても効果的と言えます。

私たちは、話し合いにうまく入っていけない子どもに対して、次のような場面を設定することができます。

まず、ペアの相手が話す番のときによく耳を傾け、話がよく準備されていていることに気づけるように教えます。それから、相手の子どもに対して、話し合うべき内容について注意深く聞くように仕向けます。そして、「隣の人と話し合う」は、単に隣を向いて話すことではないということを子どもたちに理解させる必要があります。それは、話し合いをつくり上げることを目的にしているからです。

話し合いをつくり上げるということは、互いの考えのうえに築き上げることを意味します。異なる考えは歓迎すべきですが、読んでいるときと同じように、思いついた考えがすべて役立つわけではありません。時には、子どもたちに自分の考えをしっかりとつかまえて（ないし「一時駐車」して）おくように言います。その間に、別の考えを「掘り下げる」ためです。

そうするときは、なぜそうすることが大切かを説明します。そのうえで、実際にみんなと一緒に、あるいは個別に「一時駐車」した考えに戻って話し合う必要があります。

子どもたちに、実際にどのように考えを築き上げたか、あるいはグループの話し合いに貢献したかを見せることも重要です。たとえば、次のように言うかもしれません。

「ジョン、私たちの考えにあなたが反対したとき、必要のない憶測をいくつか立てていたことに気づかせてくれました。あなたは、私たちがより明確に考えられるように助けてくれたのです。その結果、エリカが問題へのより良い解決方法を考え出すことができました」

このように言うことで、子どもたちがしていることに価値を見いだせるように仕向けることができます。つまり、考えを付け加えることで、その考えをより良いものにし、どのようにしたのかを見えるようにしているということです。その過程で、子どもたちは主体性の感覚も得ることができます。

一緒に、建設的に考えられるようにするために、子どもたちは協力して考えるためのルールを理解し、そのルールを忠実に尊重する必要があります。もし、子どもたちが、少しのサポートと時間をかけて修正することを前提にしてルールをつくるときは、そのルールにより大きな価値を見いだすことでしょう。とはいえ、子どもたちは、たくさんの体験をし、建設的な話し合いやそうでない話し合いについて考えたときにこそ、より建設的なルールをつくり出すはずです。

そんななかでまず行うことは、子どもたちが、熱中して建設的に取り組める話し合いに参加できるようにすることです。そのあとで、繰り返しそれができるように、そのような話し合いを可能にしたものが何かを子どもたちに考えさせるのです。

子どもたちには、学んで欲しいいくつかの簡単な方法を期待されることがあります。たとえば、反対意見を出す形で話し合いに貢献するときには、子どもたちは自分の考えを提供する責任があります。もちろん、同意するときも同じ責任があります。そうすることによって、考えをほかのメンバーに見えるようにし、あくまでも考えと考え方に焦点を当てることができます。つまり、反対することが、人に対してではないようにするということです（人を対象にすると、見えやすい目標をもたらしてしまいます！）。

考え方が提示されないときは、それに気づいて求めるように励まします。そして、「なぜ、あなたはそう思うのですか?」とか「説明してくれませんか?」という言葉を使って、その求め方まで示します。また、必要があれば、次のように言うこともおすすめとなります。

「～ので、同意します」

「〜ので、反対です」

さらには、次のような言い回しを使って、単に情報を付け足す方法も教えます。

「そして……」

「賛成です。そして……」

「私は〜の証拠をもっています」

あるいは、「時々」などといった修飾語を付け足すという言い回しも教えます。

子どもたちがやってはいけないことは、反対意見に対してではなく、意見を言った個人にしてしまうことです。そうではなくて、話の内容を考え、考え方、証拠、可能性などに対して行うのです。合意できないことが「考え」から「人間関係の対立」にシフトしてしまうと、終わりが見えなくなってしまいます。そうなると、参加者たちは変わることを受け入れにくくなり、自分の考えに固執するようになり、理由も言わなくなってしまいます［参考文献37参照］。

私たちは、全員が参加することを期待します。もし、ある判断でグループ内の合意を得たいなら、全員が参加しなければなりません。なぜなら、グループも各メンバーも決断に対して責任があり、最善の判断が求められているからです。さらに、あとで誰かが「それは自分の考えじゃなかった」とは言わないようにしてください。

合意を得る過程で意見の不一致があることは、より良い判断や結果をもたらしてくれる可能性があることを意味します。個々のメンバーの経験、気づき、考え、受け入れ難い前提などが話し合いの質を高めるのです。もし、私たちが問題を解決しようとしているなら、みんながより受け入れられる解決策を提供してくれるはずです。(12)

仮に、私たちが本や映画、アイディアについて話し合っているのなら、同意することは望んでいないでしょう。求めているのは豊かな対話です。その場合、できるだけ深く掘り下げるために、子どもたちにある一定の話の流れに従うことと、オープンであると同時に焦点を絞ることを求めます。

どのようなケースでも、聞いてもらえることが信頼関係の成立を示す主要な指標なので、全員が参加することを期待します。ほかの人が発言することは、私たちの関心事だからというだけでなく、道徳的な義務でもあります。そうであるにもかかわらず、面白い話し合いに夢中になってしまうと、大事なことを忘れてしまいがちとなります。

マリア・ニコル（一三〇ページ参照）は、四年生たちが読んでいる際、自分のグループが行っ

---

(12)「本当は、職員会議でも、こういうことが求められると思います。行事の予定の確認をただするだけの会議はしたくないです。また、たとえ議題があっても、いつも発言者が少ないものです。もっと、『考えを上乗せしていく』という発想で話し合いを捉えるべきだと思います」というコメントが翻訳協力者の一人からありました。それを実現するためのおすすめの本は、『会議の技法』と『最高の授業』です。

た話し合いを振り返って、モニークが書いたことを引用しています［参考文献134参照］。

私は話し合いを牛耳りたくなかったので、ショーンとダレーナに何を考えているのかと尋ねました。彼らの発言をまだ聞いていませんでしたから。誰もがすべての考えを尊重したいと思っていましたが、数人は聞いていませんでした。そのことについて話し合いました。すると、ショーンがとてもいい考えをもっていたのです。

それが、私たちみんなにもっと話させるきっかけにもなりました。さらに、私の考えをも変えさせることになりました。（中略）

［でも］何人かはまだ話していなかったので、私たちは依然問題を抱えていました。なので、私たちはすべてのいい考えを聴くことはできませんでした。（中略）多分、恥ずかしがり屋の人たちがまだ話せていないからです。自分が話すのに忙しくて、尋ねるのを忘れてしまうのです。その人たちは、自分がどのように考えるかなんて私たちは興味がない、と思っているかもしれません。

子どもたちが協力して考えることを研究対象としている私たちが望んでいることのすべてを、モニークはとらえています。モニークは、なぜ、そしてどうして協力して考えることが大切かも書いてくれています。それには、自分のニーズを満たす部分と、人の心を読むことを通して利他的で思いやり（つまり、道徳的な義務）の部分という両面が含まれています。

ある時点で、子どもたちにこうした点をすべて明らかにして、ルールとして書き出して壁に貼って欲しいと私は思っています。望む形としては、常に修正し続ける下書きとして貼って欲しいです。それまでは、子どもたちが適切に行動するようにすべてをアレンジしなければなりません。行ったことを明らかにさせ、なぜそれらが大切なのかを彼らに言わせます。

建設的な話し合いがグループでやれるようになると、協力して考えられるようにするためのルールを書き出してくれるように私は言います。できあがってくるリストは、驚くほど同じものです。以下に紹介するのは、問題解決用に彼らが考え出したリストです。

・聴く、互いの考えを尊重する。
・誰もが発言する。
・同意するときや反対するときは、その理由を述べる。もし、誰かが言い忘れたら、その理由を尋ねる。
・誰もがグループの判断には責任をもつので、できるだけ同意するように努力する。

肯定的な体験をした子どもたちも、同じようなルールをつくり出します。アプローチとなるのは、子どもたちにいい体験をしてもらったうえで、その体験を活用してコミュニティーのルールをつくり出すことです。それによって、成功体験が典型的な体験になるということです。

子どもたち自身が話し合いのルールを考え出すので、その内容はクラスごとに異なったものとなりますが、体験は教師によってリードされ、しかもその体験は似ているので、つくり出されるルールも似たようなものになります。ルールは、教師から一方的に提示されるべきではありません。社会的かつ知的な論理を理解したうえで、子どもたち自らがつくり出す必要があります(13)。ルールは、子どもたちがすでに知っていて、支持する社会的な論理の標識のようなものであるべきです。さもなければ、ルールは権威的な関係を通して強制されたものになり、民主的な生活へ向けての準備としてはよくありません。

すでに述べてきたように、すべての子どもたちに考えを共有するのに参加して欲しいと私たちは思っています。それは、発言をすること、傾聴すること、必要に応じて質問をすることを意味します。そして子どもたちには、互いの考えを使ったり、結びつけたりして、自分たちの考えや解決法をつくり出すのに取り組んで欲しいと思っています。

子どもたちには共有された結論に到達して欲しいのですが、チャレンジや意見の不一致は起こり得ることも理解して欲しいと思います。むしろ、それらは、思い込みを取り除いたり、新たな可能性を見せてくれたり、理由を公にしたりするのに有効ですので、奨励されてさえいます。

集団思考がうまく機能したら、それは極めてパワフルで、一人ひとりがバラバラに考えるよりも熱中できることも、子どもたちには気づいて欲しいと思っています(14)［参考文献124参照］。

イノベーションは、一般的により重要ではない要因に起因していると思われていますが、アメリカにおいては、その最大の源は人口の多様性となっています。この多様性は、不利な条件としてとらえられることが少なくありません。極めて個人主義的な社会において、成功は個人の偉大さに起因するととらえがちで、その成功がたくさんの人の協力のもとで可能になったことを忘れがちです。

常に何かが起こり、私たちはそれに自分の説明的なナラティブ（物語）を加えます。それが、一緒に建設的に考える体験の大切な理由ですが、それだけでは不十分です。子どもたちが体験したことの意味を理解する助けを、私たちは提供する必要があります。

教師が望むので（教師の権威によって）、あるいは公正なので、さらには誰もが利益を得るので、

---

(13)　翻訳協力者から以下のようなコメントももらいました。「このあたりが、日本の学校の弱いところです。ルールは先生が示すもの、生徒はそれに従うもの、という発想です。主体者がどちらかということをもう一度考え直さないと、従順な生徒だけが認められる状態は解消できないでしょう」

(14)　この箇所と、一〇ページの「集団思考」には、一五五〜一五六ページで紹介されている「集団思考」のマイナス・イメージはありません。

みんなが参加するというルールをもつことはできます。これらは、すべて従わざるを得ない根拠です。最後の二つは、最初のものよりも説得力がありますが、長期的には三番目がみんなの利益になるので（利己的であると同時に、利他的でもあるので）、もっとも価値があります。

子どもたちが行う練習を自分で論理的に語れるようになると、教師がいなくても行えます。これが、「ローレル、彼が話していたとき、彼の考えがあなたの脳を刺激したように見えたんだけど、何を考えたのですか？」といった原因過程の観察を追加する理由です〔参考文献88参照〕。

子どもたちが「隣の人と話し合う」（ペア）や三〜四人一組で話しはじめるとき、「それについての多様な考えを逃さないために、誰もが何かを話すようにしてください」と私たちは言うかもしれません。また、偽りのない意見の不一致を奨励するために、「ありがとう、デイモンとゼルダ。あなたたちが反対し合わなければ、その本質に迫ることができなかったかもしれません」と言うかもしれません。

読み・書きと同じように、話し合いの価値を子どもたちに理解して欲しいと思います。同時に、話し合いがどのように機能し、達成するのかという実感ももって欲しいです。

一緒に協力するプロセスを修正する

子どもたちにクラスのルールをつくらせることも重要ですが、それがあるからといって、グループ活動の振り返りと欠陥を探して修正する必要が減るわけではありません。グループ活動のあとに物事がどのように運んだかを振り返ることは、算数・数学の問題の解法を振り返ったり、理科の実験を完成させたりすることとまったく同じです。振り返りの過程で、私たちはグループのプロセスについて考えるメタ言語を養い、また気にかけなければならないものとして（と同時に、私たちが主体性をもっているものとして）、その重要性を確立させます。

スーズィー・アルソフ先生が教える幼稚園児たちのクラスでは、子どもたちは振り返りをすることに慣れています。問題解決の必要性を感じるときは、自分たちでそれをやりはじめることさえあります。たとえば、一日の終わりの読み聞かせのあとで、マリオがアルソフ先生に振り返りができないかと尋ねました。

アルソフ先生　クラス・ミーティングをもつように要請されましたので、それを行います。マリオは、とても話したいことがあるそうです。それでは、はじめましょう。彼がミーティングを招集したので、あなたたちの友だちであるマリオをよく見て聴いてください。彼は、何か考えていることがあるようです。

マリオ　カエルについての本をアルソフ先生と一緒に読んでいた人たちは、少しうるさすぎました。なので、僕はオサハーの声が聞こえませんでした。次は、もう少し静かにするようにお願いしたいです。

（たくさんの「ごめんなさい」という声がする）

アルソフ先生　そのことについて話し合いましょう。あなたは、私のテーブルでガイド読み(15)をしていた人たちが少しうるさかったというのね。その結果、私たちは聞こえづらくしていたと？　それでは、みんなで考えなければいけないことは何ですか？　私のテーブルの人たちがうるさいということは、邪魔に……。

子どもたち　みんなの邪魔になります。

アルソフ先生　そして、もしセンター(16)で学習していた人たちがうるさかったら、邪魔に……。

子どもたち　ガイド読みのテーブルの人たちの邪魔になります。

アルソフ先生　私たちはどうすればいいと思いますか？

子どもたち　直す！

アルソフ先生　でも、どうやって？　考えが必要です。静かにしなさい、と言うだけではだめですよね！　具体的に何かをする必要が……。

子どもたち　すればいいです！

アルソフ先生　互いを助け合いながら、どうすればこの問題を直せますか？

（デンゼルが隣の子どものほうに身を乗り出して、ささやくのをモデルで示しました。すかさず、アルソフ先生はみんなの注意を向けさせました）

アルソフ先生　「あなたたちはうるさすぎない？」って、教室中で尋ね合うの？

子どもたち　違います！

アルソフ先生　では、どうしますか？（いくつかの考えが提供される）デンゼルがしていることを見てください。彼は、いまみんなに示しています。そして、もし誰かがあなたのところにやって来て、丁寧に静かにするように言ったとしたら、あなたは何と言いますか？「ほっといてよ」ですか？

---

(15)　教師が似た課題を抱えた数人の子どもたちを集めて一〇～一五分間指導する方法です。詳しくは、『読書家の時間』の第6章と、『「学びの責任」は誰にあるのか』の第3章を参照してください。

(16)　センターやコーナーとは、生徒たちが同時に複数の異なる活動に取り組むことができるように、教室内に用意された場所のことです。これらを設けることで、生徒一人ひとりが同時に異なる課題に取り組むことができるようになります。詳しくは、『ようこそ、一人ひとりをいかす教室へ』の第7章と第8章をご覧ください

子どもたち　いいえ、違います。

アルソフ先生　もし、誰かに静かにしてくださいと言われたら、あなたは何と言いますか？（たくさんの子どもたちのアイディア）もし、私たちが学習をしているときに、誰かが私たちのテーブルにやって来て、「あなたたちはちょっとうるさすぎます」と言ったら、私たちはどうすべきですか？（子どもたちは、「静かにする」などと答える）私たちは静かにしないといけないし、「思い出させてくれてありがとう。これから静かにします」とも言わなければなりません。

みなさんは知っていますか？　人によっては、考えたり書いたりするとき、本当に静かでないとダメなのです。あなた方のなかに、うるさいのはあまり気にならない人はいますか？（アンが手を挙げる）静かで落ち着いているほうがいい人はどのくらいいますか？（ほとんどの子どもが手を挙げる）

見てください。たくさんの人が静かで落ち着いていることを好んでいます。それは、私たちが取り組むべきこととなりますね。

子どもたち　はい、そうです。

ここで紹介したやり取りはとても内容の濃いものなので、「資料B」（三〇八～三一二ページ）

の下の部分に私の解説を加えました。それを読むと、あなたはアルソフ先生が話し声の問題は「彼女の問題」ではなく、みんなへの影響があるので「私たちの問題」であることと、子どもたちが理解できるようにしていたことに気づくことでしょう。

彼女は、この問題を依存し合う関係としてとらえています。つまり、子どもたちの目標、関係、クラスでの様子の三つ、すべて密接に結びついているのです。自分が行っていることがクラスメイトに影響を及ぼしていることを子どもたちが理解していたら、クラス全体において努力することへの責任感とかかわり方が増します。結果的に、それが学力の向上にもつながるのです〔参考文献86参照〕。

このような協力的なクラスでは、人種間や障がい者と健常者の関係も含めて、より肯定的な人間関係を育てることになります。さらに、こうしたクラスは、従来の教科という枠を越えて、生徒が自由に選択かつ交流できる授業を生み出す可能性ももっています〔参考文献83・84・85参照〕。

このことと、アルソフ先生が子どもたちの間に肯定的な関係を築こうとしていることによって、子どもたちはさらに責任を感じるようになるのです〔参考文献194参照〕。それによって、私たちが忘れてしまい、誰かがしっかりと責任が取るように丁寧に教えてくれたとき、なぜ感謝しなければいけないのかということを彼女は指摘しているのです。

アルソフ先生は、クラスの問題（すでに、マリオの個人的な問題ではありません！）を解決することは日常のことであり、実用的な方法が必要なことを明確にしています。しかも、その実用的な方法は教師が与えてしまうのではなく、子どもたち自身で考え出すようにしていますし、それを可能にするための話し方もモデルで示しています。

さらに先生は、子どもたちのなかには静けさを好む人もいるし、そうでない人もいるという、みんなが同じではないということも指摘しています。そして、物事を異なる視点から見ることを促しているのです。アルソフ先生が築き上げようとしているこの相互依存の関係は、重要な結果をもたらします。

一二〇〇以上にも上るメタ分析[17]の研究において、相互依存の関係を育てる協力的な枠組みと、競争的ないし個人的な枠組みとを比較したところ、学力、対人的魅力、相互の助け合い、セルフ・エスティーム、集中してタスクに取り組む時間、論理的思考の質、他者視点の取得などに強い影響があることが分かりました〔参考文献86参照〕。

効果量は、標準偏差の〇・五から一・〇以上の間という数値が出ました。[18] つまり、生徒たちがあまり手のかからない状況にあるときは、手がかかるときに比べてより高い自己調整力をもっていることが分かったのです〔参考文献56参照〕。

私たちは自己調整を極めて個人的な現象ととらえがちですが、実際、社会システムがそれに大きく影響しているのです。そして、各人は、みんなが自己調整し合っているシステムのなかに、主体的に参加することで個々の自己調整力は発達するのです。つまり、自己調整力とともに調整が必要なものは、みんなが自己調整し合っているシステムのなかで不可分の関係として存在しているということです〔参考文献189参照〕。

相互依存を助長する協力的な枠組みの効果は、教育心理学においてもっとも研究が進んだ分野の一つです。近い将来、その効果を真剣にとらえる必要があるでしょう。全米学力調査NAEP(National Assessment of Educational Progress)のニュージーランド版である全国教育モニタリング・プロジェクト(National Educational Monitoring Project)がしているように、ニュージーランドのテストはハイステークスなテスト(19)ではありません。そのようなテストは、建設的に協力して考えることを可能にする条件を台無しにしてしまうからです〔参考文献62参照〕。

ニュージーランドのテストのなかには、次のような内容が含まれています。

四人の四年生に本のセットを渡します。彼らを図書委員会のメンバーだと仮定し、まずは個人

---

(17) メタ分析とは「分析の分析」を意味し、すでに統計的分析のなされた多数の研究を収集し、いろいろな角度からそれらを統合したり比較したりする分析研究法のことです。

(18) 効果量は、次の式で計算されます。効果量＝(実験分の平均－統制群の平均)／標準偏差。

(19) 資格取得のためのコース修了試験、能力試験、および免許試験など人の振り分けに使われる試験の一般的な名称として使われています。

レベルで、次に協力して、委員会として購入すべき本を決定する役割を担います。やり取りはすべてビデオに撮られ、ルーブリックによって評価されます。協働的な活動に取り組める力の変化を記録に残すことは国益だととらえているのです。[20]

私たちは民主的な社会に住んでおり、このような能力は民主的な暮らしに欠かせないものです。私たちは、民主主義を政治の形態と考えることもできますし、一緒に生きるための方法ととらえることができます。前者に対しては、選挙で投票する以外のことを思いつく人は少ないと思いますが、後者は、より良い、より成熟した人に、個人としても集団としてもなり続けることを意味します。[21]

(20) これを「主体的・対話的で深い学び」と言わないで、何が言えるでしょうか。日本の学力テストのとらえ方との違いを感じ取ってください。もちろん、感じるだけではなく、できるだけ早期にアクションに移さねば、子どもたちはもちろん、先生たちもかわいそうな状態が続くことになります。社会に役立たない税金の無駄遣いを続けるわけにはいかないのです！

(21) この最後の点と関連する本（日々の教育実践として取り組めることが紹介されている本）に、『たった一つを変えるだけ』（とくに「おわりに」）、『最高の授業』『言葉を選ぶ、授業が変わる！』『イン・ザ・ミドル』『ＰＢＬ』などがありますので参考にしてください。

第9章 世界を選択する

学校での生活と仕事は、すべての子どもたちの肉体的、知的、情緒的な健康という、あらゆる面において、可能なかぎり貢献すべきである。（ウィルフォード・エイキン）(1)［参考文献2］

教えることは、子どもたちの、民主主義の、より良い世界のためのアドボカシー(2)でなければならない。それらの理想のための擁護でなければ、ほかの何かを擁護するために行われていることになる。（ランディー＆キャサリン・ボマー）(3)［参考文献17］

(1)（Wilford Aikin）一九三二年から一九三八年に行われた三〇校にも上る高校に関する研究のリーダーを務めた人です。アメリカの進歩的な教育を代表するレポートの一つと言われています。二八四ページを参照してください。

一二月、スーズィー・アルソフ先生が「私たちは、ウェブスター小学校にいるときにどんなことをしていますか？」と幼稚園児たちに尋ねました。子どもたちの答えは次のようなものでした。

（出された順番で）
「学ぶこと」
「仲良くすること」
「気にかけて、友だちになること」
「笑うこと」

子どもたちの回答から、クラスが極めて健全であることが分かります。子どもたちは学校にいることが好きなのです。実際、年度の終わりごろ、アルソフ先生が「絵本の魔術師」と呼ばれる絵本作家のエリック・カール（Eric Carle）が小さかったころ、「彼は学校に行くのが嫌いでした」と説明したとき、子どもたちの顔には驚きが見えました。

子どもたちは学業的に成功しているのでしょうか？　学業面で、ここよりもよく学べている幼稚園のクラスが思いつきません。学ぶことは、やはりもっとも重要なテーマなのです。しかし、子どもたちが学んでいることや身につけていることはそれだけだと思いますか？　そんなことはありません。

ここの子どもたちは、情緒的に、道徳的に、そして知的に複雑かつ熱中した生活に向けての準備を整わせつつあります。彼らはお互いを思いやり、そうすることにほとんどの子どもが喜びを感じています。彼らは良いときも悪いときも、お互いの関係をコントロールすることと、クラス内外の公平さと多様性を大切にすることを学びつつあります。

アルソフ先生は、幼稚園児たちに有意義な人生を送って欲しいと思っています。また彼女は、彼らにそのつくり方を知って欲しいとも思っています。さらに彼女は、彼らが教師という職業を選択するか否かにかかわらず、彼らに教える人になって欲しいとも思っています。

カーディアが先生にスパゲティーのスペルを教えてもらおうとしたとき、アルソフ先生は素早

---

(2)　直訳すると「擁護」や「支持」になりますが、欧米では長年、「政策提言」や「権利擁護」などの意味で用いられています。要するに、対象となる人たちの代弁者として行動するということです。

(3)　(Randy and Katherine Bomer) ボマー夫妻は、両者とも学校で教えた経験があり、同時期にコロンビア大学ティーチャーズ・カレッジ附属のリーディング&ライティング・プロジェクトのルーシー・カルキンズ(『リーディング・ワークショップ』の著者)の同僚として指導にあたり、現在はテキサス大学で教鞭に立っています。

く判断しました。先生は、彼の隣に座っているアドリアナを見ると、彼女がハンバーガーのスペルを書く努力をしているのを発見しました。そこで先生は、アドリアナのほうを向き、彼女が行った努力の何がよかったのかを説明したあとに次のように尋ねました。

「私によい考えがあります。あなたは、音を伸ばしながら、ハンバーガーという単語を書くことがとてもうまくできました。あなたは、スパゲティーという単語を書くときでもカーディアを助けることができると私は思っています。彼を助けることができますか？」

アドリアナは、「自分たちは音を伸ばすことができます」と答えました。「音を伸ばす？」（ちょっと違うかな、と思った）アルソフ先生は、カーディアが見ている前で、アドリアナに「男の人（man）」という優しい単語で発音練習をさせ、それからアドリアナが教えられるようにしてその場を去りました。

しばらくして戻ってくると、先生は「見てください。彼はスペルを書いています。あなたはうれしくありませんか？」とアドリアナに言いました。あとでアドリアナだけを呼んで、先生は「パートナーを助けることができましたか？」と尋ねました。アドリアナが笑顔で大きくうなずいたので、先生は「そのとき、どのように感じましたか？」とさらに尋ねました。それによって、アドリアナに意味のある社会的貢献をすることは楽しい、つまり幸せであることに気づけるようにしていたのです［参考文献146参照］。

四年生の担任のジェラリン・ジョンソン先生も、同様のアプローチを行っています。つまり、子どもたちに学び手であると同時に教え手にもなるように教えているのです。協力して作業をしているグループを観察して、彼女は一人の子どもがどのようにほかの子どもをサポートしていたかを指摘しました。

「あら、いま彼に答えを提供しなかったわね。それはとても大切なことです。なぜなら、答えを言ってしまったら、彼は考える必要がなくなってしまうからです。あなたは教えたそうだったけど、よく我慢しました」

このやり取りは、まさに教師に対して教えているようなものです。そして同時に、コミュニティーと文化、さらにはクラス運営にも関係します。子どもたちは、自分には能力があり、人間関係は大事だと感じられるときにこそコミュニティーに貢献するのです。

コミュニティーに貢献することで、その場の規範を尊重し、自分はその場に所属しているという感覚がもちやすくなります。そして、自分の関心とコミュニティーの関心がつながっていることを理解します。これは、民主的な生活のなかにおいては極めて大切なことです。一二年間のこうした指導が及ぼす影響について想像してみてください。それを受けた子どもたちが親になったり、教師になったりすることを。

経済的な存続のために教える

子どもの発達という観点、子どもたちが結局は責任を担う社会という観点、そして子どもたちの学業的な成功という観点からも、いま進行中の教育改革は、スーズィー・アルソフ先生やジェラリン・ジョンソン先生が教えるクラスの子どもたちが学んでいることの重要性を真剣に受け止めていません。私たちは、国としても、一人ひとりの個人としても経済的にどのように存続できるのかということに焦点を当て過ぎています。ホワイトハウスのウェブサイトによれば、国家レベルの教育への再投資の「指針となる原則」は以下のようになっています。

「質の高い教育をすべての子どもたちに提供することが、アメリカの経済的な繁栄に極めて重要である。国としての経済的な競争力とアメリカン・ドリームの実現は、世界経済のなかで成功できる教育をすべての子どもたちに提供することにかかっている」［参考文献196］

私たちの国が真剣に扱っているのは、子どもたちの学業の成功だけで、それも極めて狭いとらえ方と経済との関連でしかありません（その経済との関連も、極めて狭いビジョンしか提示していません！）。教育改革の主要なツールは、見えやすい目標に対する強い圧力です。つまり、テ

ストでいい点数を獲得するか、それとも罰せられるかです。(4)

このような単眼思考と極めて管理的な見方は、子どもたちが成長したとき、賃金労働者になること以外の姿を私たちに見えなくさせてしまいます。子どもたちは、市民、親、生涯の伴侶、教師、政治家、芸術家、マネジャーなどにもなるのです。いったい私たちは、彼らにそうした活動においても成功して欲しいと思っているでしょうか？　また、公正な民主主義の実現のために、主体的に行動する市民、有能な親や伴侶、生涯を通じて学び続ける学習者、有能な教師、創造的で協働的な仕事仲間を求めているでしょうか？

求めている、と私は思います。これらの目標は、学業の成績だけに関心を向けることですべて対処できるでしょうか？　そういう証拠はありません。そのような目標に向けて努力することは、収入を得る能力を発展させる妨げになると仮定すべきでしょうか？　もちろん、そういう証拠もありません。(5)それらを達成すること自体、経済的な影響をもつことにならないでしょうか？

私たちの社会が子どもたちを発達させることに失敗し、その多くが犯罪に手を染めていること

(4)　日米の状況もまったく変わらないことが分かります！

(5)　むしろ、ＩＱよりもＥＱのほうが、ビジネス界も含めて社会でより成功する指標としては相応しいということが、一九九〇年代の半ばから広く知られています。たとえば、ダニエル・ゴールマン（Daniel Goleman）の本を参照してください。

を考えてみてください。アメリカは、世界でもっとも投獄中の人口が多い国です。それは、社会、地域、そして個人にとっても大きなコストになっています。

具体的な数字を言えば、アメリカは世界人口の四パーセントでしかないにもかかわらず、投獄中の人口は世界の二五パーセントを占めているのです。アメリカ司法省は、二〇〇七年に二三〇〇万件の犯罪行為が行われ、その被害者の損失は一五〇億ドルで、政府の負担は一七九〇億ドルにも達していると推定しました。政府の負担には、法の執行経費、弁護、看守などが含まれていますが、それはドル換算ができる経費のみであり、痛み、苦しみ、心理的な苦悩、生活の質の低下などは含まれていません［参考文献122参照］。

同じように、私たちが子どものトータルな発達に関心を向けない場合に何が起こるかを考えてみてください。アメリカでは、気分障がいや不安障がい、そしてうつ病などといった未治療（と未予防）という心の健康問題で二〇〇〇億ドルものコストがかかっています。また、嗜癖《しへき》障がいのコストは五〇〇〇億ドルと推定されています。これには、個人的なコストや周りの人が失うコスト、さらには治療にかかるコストなどは含まれていません［参考文献95参照］。

もし、「アメリカン・ドリーム」が「幸せの追求」と関係があるなら、子どもの発達における広義の側面を無視してはいけません。子どもの道徳および社会的発達に関心を向けないと、幸せも経済的な安定も得られないのです。

あなたが経済のみに焦点を当てたとしても、幸せは大切です。幸せな一〇代の子どもたちは、幸せでない子どもたちに比べて、たとえ家庭の所得や階級格差を差し引いたとしても、より高い収入を得ることが分かっています〔参考文献45参照〕。なお幸せは、「楽しい生活」「熱中できる生活」「意味のある生活」の三つの部分で構成されていることが分かっています。しかも、後者の二つの追求が、人生の満足度においてもっとも適切な指標になっているのです〔参考文献146参照〕。

人類の最大の利点は、協力して考えられる力にあります。逆に、主要な脅威となっていることは、種の生存が協力して考えること（つまり、私たちがお互いをどのように扱い、どのような経験をするか）に依存しているという理解に基づいた行動にかかっているのに、行動につながっていないことです。この症状を、自己免疫疾患(6)ととらえることができます。

近年、アメリカでは、精神的な自己免疫疾患を患っているという人の数が急増しています。そして、この増加は、ストレスの増加と関連すると思われています〔参考文献177参照〕。長期的なストレスは、免疫システムの身体の一部と外からの侵入者を見分ける力を弱め、混乱させます。その結果、免疫システムが自分の身体を攻撃するような状態を招くのです。

(6)　ここでの疾患は、このあとの文章でも説明されているように、「人と協力して考えることが人間の本性なのに、人と協力し合えなかったり、考えが違ったりすることにストレスを感じ、病んでしまう」という意味です。

学びのコミュニティーにおけるストレスも、似たような反応をつくり出します。第5章で見たように、ストレスのもとでは、私たちはしばしば人や考えに対して固定マインドセットを取りがちです。ステレオタイプに陥り、違いを脅威と見はじめてしまうのです。自分と異なる考えを締め出し、それらの考えの源に背を向けてしまいます。

違いがないと創造性は間違いなく落ちます。また、新しい脅威に対処するコミュニティーの力も制約を受けます。コミュニティーにおける情緒的および人間関係の仕組みが弱まるので、コミュニティーが学び、適応し、育む力は一層低下することになるのです。

要約すると、経済の競争力を上げることが教育の目的で、教育の改善は個々人のパフォーマンスをよくするために圧力をかけることととらえるアプローチは、失敗が約束された方法だということです。

教育を導くためのより良いビジョンが私たちには必要です。クラスのなかでの実践を通して、人類のビジョンを子どもたちがつくり出せるようにサポートすることで、彼らは自分が誰なのか、お互いをどう見るのか、そしてお互いをどのように扱うのかを変えることができます。人類のビジョンという観点から理想的な学校教育を考え直したとき、きっと現行の状態よりもテストの成績に関する価値は下がるでしょう。

いま、そして未来

子どもたちがテストされる二つか三つの教科に焦点を絞って教えるという選択はできますが、好むと好まざるとにかかわらず、私たちは全人的な子どもと、それとは切り離せない社会のビジョンを教えています。そのことを忘れる前に、スーズィー・アルソフ先生が教えているクラスの子どもたちが「学校にいるのが好き」と言ったことをもう一度述べさせてください。彼らは、学校にいるときは幸せなのです。なぜなら、意味があり、熱中して取り組めることをしているからです。幸せな人は、一般的により成功し、社会的に熱中し、健康です。この因果関係は、両方向で成り立ちます［参考文献119参照］。

教育改革の議論のなかで、この大事な要素が抜け落ちています。以前、私は州のカリキュラム委員会の国語部会の委員を務めたことがあります。そこで、子どもたちが何をどう学んだらいいのか

について議論し合っているときに、私の五歳になる姪のグロリアが白血病であると診断されました。生存率は二五パーセントということでした。

グロリアにとって、ベストとなるカリキュラムは何かと考えました。彼女は、二〇代になっています。私は、自分の考えを変えるべきでしょうか？　違うと思います。私たちは、今日という積み重ねに注意を払うことなく、未来に向けて教えることはできません。日々が大切で、毎日は瞬間で構成されているのです。

毎日が大切なだけでなく、それを積み上げると何か特別なものになるのです。時間とともに私たちは、ある特定の方法で行動するようになってしまうものです。ジェラリン・ジョンソン先生が四年生の子どもたちに「内容だけでなく、あなたたちが取り組んだプロセスについても共有したいです」と言ったとき、彼女は子どもたちの体験をできるだけダイナミック・マインドセットの枠組みのなかに置いておきたかったのです。彼女のクラスでは、この枠組みがどこでも／いつでも強化されています。クラスのモットーは以下のようになっています。

「難しいことはいいことだ。そのとき、私たちは学ぶわけだから。『私はまだ理解していない』と言うことで、自分自身を信じていることを示す」

ジョンソン先生が行っているのと同じような観察を、子どもたちも頻繁にしています。壁に掲示されている生徒のある日の言葉は、「一番になることが大切なのではなく、あなたのベストを尽くすことに価値があるのだ」でした。それぞれが、彼女のクラスの話し合いが、強固で持続的な傾向の一コマを示しています。またそれらは、子どもたちにどんな世界に自分たちが生きているのかを思い出させるという重要な役割を果たしています。

繰り返し異なるさまざまな形態で言われることで、子どもたちの意識が形成されます。そして子どもたちは、特定の方法で行動しはじめるのです。第２～第４章で学んだように、こうしたクラスでのやり取りの蓄積と経験がそれを再現する力を促進するのです。

「状況が困難になっても、学ぶことに集中できる傾向。それは、困難な課題を避けたり、学びが難しくなると自己防衛的な行動に転換したりする傾向である脆弱さの反対」〔参考文献24〕である、ということです。

「マイケル、あなたはいま、とても大切なことをしました。あなたは、パートナーに『あなたの番だよ』と言ったのです」や「パートナーが今日助けてくれたことを伝えてください」などの形で、子どもたちが相互に関係がもてるような経験を繰り返しさせることはとても重要です。(7) この

（7）　翻訳協力者が、「日本的な言い方をするならば『お互い様』と感じられる経験というところでしょうか。思えば、『お互い様』っていい言葉ですね」というコメントを寄せてくれました。

相互の関係は、「一緒に学習課題に取り組んだり、不確実性を表明して質問をしたり、他者の目的や視点を考慮に入れたりすることを進んでやること」となります〔参考文献24参照〕。

本書で述べていることは、この傾向を発達させるものがほとんどです。

ゴールデン・ルール（黄金律）との関連で言えば、相互の関係はもう一つの傾向となる要因ももっています。それは、社会正義に対するものです。子どもたちが不公正なものに気づいたときは、不正をただすために行動を起こして欲しいと思っています。私たちはこれを、メアリー・コウィー先生のクラスで、二年生のトーマスとクラスメイトたちがアメリカ財務省宛に、国の硬貨から奴隷の持ち主だった人たちを取り除き、より公正な人生を送った人たちに変えるよう要請した手紙を書いたときに見ました。

道徳的なジレンマに直面し、熟考し、そのうえで行動することが当たり前のクラスでこれが起こっていたのです。道徳的なジレンマを扱う際、多様な視点からの問題を探究するために、子どもたちの社会的想像力が使われていました。もし、誰かがイジメにあっていたなら、まずそれを認識し、公正を取り戻すために貢献する方法を用いて行動してもらいたいと思っています。アメリカの子どもたちの半分が、過去一年間にイジメを受けたと言っています。同じく、半分の子どもたちがイジメをしたと言っているのです〔参考文献91参照〕。

クラスのなかにつくり出される文化が、子どもたちが願う「公正さ」の形に影響します。固定マインドセットの思考者たちが強調しがちな「目には目を」といった、報復的な公正を私たちは彼らに求めるのでしょうか？　たとえほとんどの判断が肯定的なものであっても、性急に判断を下すクラスはこのような状況をもたらします。それとも、加害者側が被害者側に対して、自分の過ちをただす行動をすべきである、というような公正さを子どもたちに求めますか？

後者のような教育的なアプローチが、ダイナミック・マインドセットにおいてはより高い評価を得ています。こうした経験は、教室での問題行動をどのように説明したり、行動を取ったりするかということに反映することになります。ある教師は、問題行動に対処する方法を次のように示しています。

・具体的に、「いまここ」に焦点を当てる。教師は、考えも、判断も、解釈も提供しない。(8)
・単刀直入で、感情を表さず事務的な調子。教師は非難したり、深刻さを示したりすることなく、「行為」をオープンで、正確に名づけるように努力する。
・実態把握を思考の方法ととらえる。教師は、結論を導き出したり、解決法を考えたりする前に、情報収集が必要だということをモデルで示す。〔参考文献28参照〕

---

(8)　このアプローチに則ったコミュニケーションの取り方が詳しく書いてあるのが『好奇心のパワー』ですので、参考にしてください。

以上のような原則は、一緒に協力するためと、自分と他者について考え、そして行動をとるための基盤であり、人間性に対する基本的な信念を反映しています。それらは、教科指導をする際にも十分に活用できる考え方と言えます。

教えることにまつわる研究のなかで、学校における子どもの学びと発達を、広く長期的な視点で扱っているものはごくわずかです。しかし、そのような研究がないわけではありません。

一九三〇年代、アメリカの多くの高校でかなりの長期間、教え方を探究的なものに変更しました。研究は、八年間の間の生徒たちの学びへの影響を多様なテストを使って追跡しました。研究者たちは、生徒たちが学力テストでいい成績を上げたことを発見しましたが、それだけではありませんでした。生徒たちの知的、文化的、情緒的な発達も高まっただけでなく、彼らの社会問題への感受性や、社会的・道徳的な能力も向上したのです。さらに、彼らの興味関心も拡張していたのです［参考文献2参照］。

教えているだけか、公正に教えているのか(9)

教師が自己紹介をする場面で、自らの仕事を「教えているだけ」と説明している様子を何度も聞いたことがあります。一般の人、メディア、政治家の多くも、この否定的なとらえ方をしがちです。しかし、本書では、教師の仕事を過小評価してはいけないことを示してきたつもりです。教師が「just teaching」と言うのは、「公正に向けて教えている」ことに取り組んでいるときだけであるべきです。それがどういう意味かを考えるにはいくつかの方法があります。

公正と教えることの両方にとって、最大の関心事といえば機会の平等でしょう。確かに、これは重要な焦点なのですが、一般的には、すべての子どもをテストでいい点数が取れるようにして、大学に行き、ほかのみんなとそれなりに競争をして、給料のいい仕事に就くことと解釈されています[10]。

このような公正のとらえ方は、教育はすべての者をゴールに向けて同じスタートラインに立たせるという考え方であり、結果的に、多くの人が給料のいい仕事に就けないことを正当化しています。しかし、現実では、子どもたちのスタートラインはみんな違うのです。すべての子どもが

（9）英語で「just teaching」を副詞としてとらえると「教えているだけ」ですが、形容詞として訳すると「正しく教える」「公正に教える」となります。見出しとして、ここでは両方の意味をもたせています。

（10）全員が完全なルネサンス人になるという考えは、極めて競争の激しい、個人主義的な社会において公平さを育むと言っているのと同じぐらい馬鹿げたことです。なお、「ルネサンス人」については、『理解するってどういうこと?』の第6章をご覧ください。

同じ成功を収めるということは私には想像することができませんし、そのように仕向けることなど、誰にとっても公正ではありませんし、生産的でもないと思います[11]。

公正な教育についてのより良い考え方は、すべての子どもが可能なかぎり完全に発達できるようにすることです。もちろん、何がそれぞれの子どもにとって可能かを知る術を私たちはもっていません。私たちができることは、一人ひとりの子どもの持続発展的な成長を可能にする、できるだけ熱中して取り組めるような状態を提供することです。

最大限に熱中して取り組もうとすることは、とてもよい目標だと思われます。しかし、それは学力向上のうねりのなかでおざなりにされています。子どもたちが最大限に熱中して取り組んでいるときに、使える資料や資源をすべて利用し、限界まで引き延ばすのです。

選択があるとき、自立の度合いが高いとき、そして活動に意味を感じられるときに、子どもたちはより熱中します[12]。最大限の熱中が全員に対して同じ成果を保証することはありませんが、子どもたちが学びの機会を活用する可能性に関しては平等にします。

これらのことがどのように機能するか、事例を紹介していきましょう。ある中学校で、八年生に国語を教える四人の教師たちが、生徒たちが何を読むべきかについて、共同して指定することをやめることにしました［参考文献78参照］。その代わりに、彼らは最先端のヤングアダルトの文学作品を紹介し、生徒たちがそのなかから選んで読めるようにしたのです。

選択することと、物語が生徒たちの暮らしに身近であるという事実によって、ほとんどの生徒が短期間で本の虜となりました。生徒たちが年間に読む本の冊数は、なんと三冊から四二冊に跳ね上がったのです。(13)

本が最先端の内容で、道徳的に（文章的にも）複雑であるという事実が、八年生たちに読み終えるまで本を手放すことができない状態をつくり出し、同時に、本の内容について考えざるを得ない状況もつくり出しました。このことと読む体験という密度の濃さが、自分たちの経験をより意味があり、さらに広げるために、互いに読んだことを紹介せずにはいられない気持ちにさせたのです。

---

(11) ここに書かれているものをイラスト化したものが「equality equity」で検索すると見られます。平等（equality）の名のもとにしていることはみんなを同じ箱の上の乗せること。公平（equity）はみんなの高さを同じにすることですが、学校教育で行われている現実（reality）と言えそうです。そして、理想は解放（liberation）！

(12) この点に焦点を当てた『選んで学ぶ――学ぶ内容・方法が選べる授業（仮）』が、二〇一九年に出版予定となっています。

(13) この転換（および、この左に書かれてあること）を実現する具体的な教え方が『イン・ザ・ミドル』をはじめ、『読書家の時間』や『リーディング・ワークショップ』に書かれています。なお、これと同じことは、書く領域ではもちろんのこと（『ライティング・ワークショップ』や『作家の時間』）、算数・数学、理科、社会などでも可能です。興味のある方は、pro.workshop◆gmail.com に連絡をください。

このことは、しっかり読んだ読書体験を共有するために取り組んでいる読書会に参加するという、一部の生徒からほかの生徒への強いすすめで表れました。その過程で、あまり協力的ではなかった生徒も巻き込まれました。

結果的に、この自発的で継続的な学校内外での本にまつわる話し合い（その中心は道徳的なジレンマ）は、社会的想像力を強く要求することになりました。従来の教師たちが一斉指導形式で教えた時間が極端に減ったのに（その代わり、生徒たちが授業中にも読んでいる時間は増えました！）、読むときに使う理解のための方法や話し合いに参加するときに使う方法などは上達したのです。[14]

ちなみに、「みんなが静かにして読書をする時間」ではなく、必要に応じた話し合いも行われました。あまりにも熱心に話し合っているので、まだ読んでいる人の邪魔をする生徒はいませんでした。

特別な支援を必要とする生徒で、これまでほとんど本を読んだことがなく、また州の読みのテストに一度も合格したことのないクウィントンが、以下のような見解を述べています［参考文献78］。

――僕は人の人生に関する本を何冊か読みました。スィトマー[15]の『*Homeboyz*（ホームボーイズ)』(二〇〇七年)、ヴォルポニ[16]の『*Rucker Park Setup*(ラカーパークの罠)』(二〇〇七年)、そしてモリス[17]の『*War of the Blood in My Veins*(ストリート・ソルジャーの償い)』(二〇〇八年)です。主人公たちはみんなギャングで、救済を求めています。その言葉は、自分がいま読んでいる本には頻繁に現れます。(中略)

母さんは、自分がこんな本を読みたいと言ったときにショックを受け、「クウィントン、あなたは大人になったっていうの?」と言いました。それに対して、「これは新しいライフスタイルなんだ」と答えました。

これらを読むことで、自分が何かをするときによく考えるようになりました。以前は、考える前にすべてをしていました。いまは、結果について考えることができます。

---

(14)　これらの具体的な方法については、『「読む力」はこうしてつける』、『理解するってどういうこと?』『最高の授業』をご覧ください。

(15)　(Alan Lawrence Sitomer)高校の教師で、ヤングアダルトの作家。元大学教授。読むのが嫌いな生徒に読ませることが専門という人です。日本にそういう専門の人っているんでしょうか?

(16)　(Paul Volponi)ティーン・ノベルを多数書いています。多いのはスポーツもの。

(17)　(DaShaun "Jiwe" Morris)こういう著者の人生(一二歳でギャングのメンバー!)や本が出ること自体、日本では考えづらい状態ですが、数(十)年後にはあり得るかもしれません。

クウィントンが言ったコメントの最後に書かれていた言葉に反映されている道徳的な主体性は、彼が州の能力検定試験に初めて合格したときと同じレベルで真剣に受け止められるべきです。

読んだ本について話し合うことは、単に社会的想像力を広げ、道徳的な論理を熟考するだけでなく、人間関係を転換する可能性を拓きます。(18) たとえば、何人かの生徒たちが『戦場から生きのびて——ぼくは少年兵士だった』［参考文献10］について話し合っていたとき、フランクがシエラレオネ人の作者は水も電気もないなかで成長したことを指摘しました。これが、トミーの告白を引き出し、結果的に話し合いをしていたグループの人間関係を転換し、トミーに、以下のような重要なナラティブ（語り）をする機会が提供されたのです［参考文献78参照］。

サイモン　今の時代、誰が水も電気もない家に住むことが可能なんだい？
トミー　自分の家には水がないんだ。
（沈黙）
ギニー　水はあるだろう。
トミー　水はあるけど、必要なときは、家の下のほうにある井戸から汲んで持ってくる必要があるんだ。
フランク　本の登場人物は、川から汲んでこないといけなかった。

（みんながトミーを見ている）

ギニー　洗濯はどうやるの？

マルコ　風呂は？

トミー　井戸に何度も行かないといけないよ。水を無駄にすることができないんだ。

サイモン　本のなかの男は、水やいい生活が得られるから兵隊になったのかな？

フランク　違うよ、ほかの理由だよ。

トミー　水道が家にないからといって、悪いことをすることになるとは思わないな。

ベン　いや、彼にはいい家族がいたよ。彼らは古い家族の物語を語っていた。そして、兵隊に家族が殺されて、一人になってしまったんだ。

ギニー　僕は井戸がどうなっているのか知りたいな。自分の水を得られる方法を知っていることはいいことだと思うんだ。僕なんか、蛇口から水が流れてこなくなったら、どうしていいか分からないもん。

トミー　僕とお母さんは、家のことならたくさんのことを知ってるよ。

(18)　協力して本を読み合うことに関して網羅的に扱っている本に『読書がさらに楽しくなるブッククラブ』があります。

ほかの状況では、クラスメイトの身近に、違った形での生活があるという拡張した理解は得られなかったかもしれません。悪い場合は、トミーの承諾なしに起こってしまった可能性もあり得ますし、それがトミーを悩ますような結果を引き起こす可能性すらあります。そうなると、トミーが提供している主体的なナラティブ（語り）とはまったく別なやり取りになってしまいます。

紹介した生徒たちのやり取りでは、重要な転換が起きています。集団レベルでは、会話の記録を通して、信頼関係が築かれていく様子を読み取ることができます。実際、生徒たちは対話的なやり取りの機会を提供されると、お互いの信頼関係のレベルを上げていくことになります。もしそうでないと、民主主義を運営することは極めて難しいことになりますが、そのような機会が系統的に減り続けています［参考文献57参照］。

個人のレベルでの転換もありました。八年生たちは道徳的なジレンマを扱いながら、自分たちの身近に存在することに遭遇するまでは、最初はゆっくりと、そしてかなり詳しく一緒に協力して考えていました。彼らの社会的想像力の発展とともに、生徒たちを新しい形で行動させることにつながっています。以下は、ある生徒の感想です。

——はい、人がいじめられたりする本を何冊か読み、私の考え方は変わりました。本のなかには、いじめられることで自殺をする人たちが何人も描かれていたんです。そのなかには、（中略）『*Hate List*（憎しみのリスト）』[19]もありましたが、あの本は最高によかったです。人が物事をどう感じるかということに関して、自分の考えを変えてくれました。ほんの些細なコメントが、誰かの人生を変えてしまうんです。

数日前、みんなが一人の女の子を、フェイスブックでいびっているのを見ました。彼女は醜いから、誰も彼女のことを好きじゃないとか、友だちがいないとか言ってです。でも、僕がそれを止めさせました。そんなことをするのは間違っているし、いつもそんなことで人は自殺をしていると伝えました。

物事の見方が、僕は変わってしまったんです。前は、行動に起こすことはなかったですが、いまはおかしいと思ったらすぐに止めます。［参考文献79］

本を媒体として生徒たちは、いじめ、差別、孤独など、学校で起こっている身近な問題のことを考えています。彼らが伸ばすことができた社会的想像力と人間関係の絆は、テストの点数よりもはるかに高く評価するだけの価値があります。

(19) ヤングアダルトの小説で、アメリカの高校で発砲事件があったあとからはじまっており、憎しみ、イジメ、家族間の緊張、自殺などのテーマを扱っています。

ここで紹介したような手法で教えると、従来の教え方よりも一五パーセントもの生徒が州の能力検定試験をパスするという事実のほうに魅力的を感じる人がいるかもしれませんが、より注目すべき事実は、教師がより多くの時間を、以前のようにあからさまに教えるのではなく、聴いているということです。

教師は、生徒が自分たちの生活の意味を見いだすチャンスを提供し、自立的な学び手になることをサポートしています。[20]読むこととその後に話し合うことは、そのための手段になっています。教師が行っている読み聞かせなどといった短い指導（ミニ・レッスン）は、生徒たちの求めに応じて行われるツールであり続けるでしょうが、生徒たちにとって必要とされる指導のほとんどは、生徒同士の対等な関係のなかでより自然に行われているのです。[21]

子どもたちが協力して考える方法を知っており、彼らが協働して問題を解決したり、何かをつくり出したりしているとき、学びの機会はより均等なものになっています。あるいは、少なくとも民主的なものになっています。

もし、子どもたちが固定マインドセットを避けることができれば、最善の学びを得られる可能性は高まります。ここで取り上げている八年生のクラスでは、熱中した取り組みは対話的なので、生徒同士を比較する方法も理由も存在しません。また、見えやすい目標や固定マインドセットを呼び覚ますものもありません。このような実践は、子どもの学業面での成長を最大限にし、学力格差を縮めることにもなります。

しかしながら、最大限にされた学業面での学習が大切なものであっても、公正な教育という大きなビジョンのなかでは極めて限定的なものでしかありません。学業面での学習だけでは、私たちが切望するビジョンである「すべての人に自由と公正」な社会をつくり出すために必要とされる準備を、子どもたちに提供することができないからです。もちろん、これをつくり出す作業は今後も続けなければなりません。(22)

このビジョンに向かって進むには、学校、とくにクラスが社会とその市民を団結させる原則は、（意識されるか否かにかかわらず）協議して決められ、具現化される場であるという認識が必要です。私たちのクラスが、日々、世界規模のさまざまな公正にまつわる問題を話し合いのテーマにし、行動する場になる必要があります。そうすることで、子どもたちは公正を大切な概念と意識するようになり、それらを名づけ、協議するために、かなり複雑な道徳的な語彙を使いこなせるようになります。

(20)　日本でイメージされているのとは「読み聞かせ」のイメージはだいぶ異なります。多様な読み聞かせの方法を知りたい方は、『読み聞かせは魔法！』を参考にしてください。

(21)　普通の会話に似たカンファランスやコーチングという形です。

(22)　日本の教育で見事に欠落しているのは、この視点のような気がします。

私は本書で、こうした目標は学力向上と相いれないものではないことを示してきたつもりです。実際のところ、両者は相乗効果を生む関係にあります。公正な教育の価値は、私たちの行動や考え方のなかに組み込まれています。それらを通して、私たちは自分の行動を正当化するのです。(原注1)私たちは、お金になるから理科を勉強するのでしょうか？　それとも、より良い世界をつくるのに役立つから学ぶのでしょうか？　ルールと罰があるから盗まないのでしょうか？　それとも、他者への影響を考えてやらないのでしょうか？

意味のあることをする

「スタンダード（到達目標）」の表現や教育目標には、子どもたちが「生涯学習者」になるという考え方が含まれています。しかしながら一般的に、子どもたちに学習の目的を決定する主体的な役割を担わせるという点では失敗しています。

実際のところ、ほとんどの子どもは、学校ですることの多くに個人的な意味をもてていません。(原注2)また、いくつかの例外を除いて、私たちは子どもたちに実際に世界で何かを成し遂げられるようにさせていません。つまり、世界を変えるだけの努力をさせていないのです。

このことは、確実に子どもたちから、寛容さ、主体性、勇気、そして何かに協力して取り組んで達成しようとする際に起こる絆という感覚を奪っていることになります。私たちは、（将来的に）個人的にあるいは協働的に意味を創造し、有意義なことを成し遂げる（であろう）子どもたちに対して教えなくてはならないのです。

以下に紹介する記録は、マリア・ニコルの本『話し合いを通して解釈する（Comprehension Through Conversation）』（未邦訳）のなかで紹介されているもので、ジェスィー・ハリソン先生が教える三年生たちが、シンシア・ライラント（Cynthia Rylant）の『An Angel for Solomon Singer（ソロモンとエンジェル）』（未邦訳）を読んで、三回目の話し合いを行ったときのことを示しています。

この物語を通して、子どもたちは登場人物がどのように感じ、そしてなぜそうなのかについて

（原注１）私たちは安全で平等な社会をもつために、法的強制力のある社会的なルールをもっています。しかしながら、私たちがこれらのルールを、自由な選択の邪魔者としてとらえているか、あるいは多様で複雑な選択をフェアに管理するものとしてとらえているか、ということに関してはまた別の話です。

（原注２）本書で紹介したメアリー・コウィー先生の実践（『黒アリと仏教徒』を参照）、キャシー・ショートの取り組み（http://wowlit.org/on-line-publications/stories/storiesi2/）、学校を再考するプロジェクト（http://www.rethinkingschools.org/index.shtml）などです。

完全に把握しつつあります。五人の子どもたちが、どのように意味をつくり出すことに貢献していて、教師が最小限しか発言していないことに注目してください［参考文献133参照］。

キアラ　時に、人は家を離れると、う〜ん、寂しく思うし、慣れたものを欲しいとも思う。彼（ソロモン・シンガー）はインディアナに住んでいたけど、いまは自分の家をもっていない。とても寂しい。

キーシャ　家にいるときは、友だちがいて、自信もある。すべてが慣れているから。

ラミカ　でも、男性専用のホテルでは、彼を好きな人もいないし、彼の面倒を見る人もいない。それが、ウェスト・ウェイ・カフェ（食堂）に行く理由なんだと思う。

エドワード　いまは、彼は友だちも自信ももっている。人は自分の居場所だと思えるところが必要なんだ。

ダイアナ　そうね、その通りだと思う。私が転校してきたとき、最初は学校が怖かったもの。でも、いまは自分の居場所だと思える。

ハリソン先生　ということは、これって、本当の世界で起こっていること？　あなた方は、この物語はそういうことだと思いますか？

キーシャ　これは、人に自分の居場所と思えるようにするにはどうしたらいいかという本じゃないの。ウェイターのエンジェルがしたように。彼が、私たちにモデルを示してくれているんだ。そういうふうに自分たちも振る舞うべきだと思う。

ハリソン先生　ここに書いてあることを自分たちの学校でもできる？

キアラ　転校生や自分の居場所がないと思っている人がいたら、もてなしてあげることができるよ。

本についての話し合いなどを通してこのようなやり取りに慣れているので、彼女たちはこの本を自分たちの体験と関連づけています。彼女たちは、自分たちの社会的想像力を使って登場人物を理解しています。さらに、登場人物を使って、自分たち自身も理解しているのです。

つまり、彼女たちはしっかり意味をつくり出すために読んでいるということです。しかし、ハリソン先生は彼女らを二つ先に連れていこうとしています。一つは、ダイアナは自分との関連で、新しいところに移ってきて怖かったし、孤独だったし、それがいまは居場所と思えるように変わったと言っていました。ハリソン先生はこの点について、「これって、本当の世界で起こっていること？」と尋ねることで、ほかのメンバーに、本でつくり出した意味を自分たちの世界でも使いこなせるようにしているのです。

それまでは、自分たちの世界を本に投影する形で読んでいました。そこからは、キーシャが「そういうふうに自分たちも振る舞うべきだと思う」と言っているように、本の世界を自分たちの世界を理解するのに役立てる形で読みはじめていました。

しかし、それでもハリソン先生にとっては満足できず、「ここに書いてあることを自分たちの学校でもできる？」と尋ねています。彼女は、子どもたちに抽象的なことを具体的な行動に落とし込むことと、本のなかだけではなく、自分たちの身近な生活のなかで当てはめるように求めているのです。

そしてキアラは、この想像上の質問に対して、「転校生や自分の居場所がないと思っている人がいたら、もてなしてあげることができるよ」と反応しました。ハリソン先生の質問が、「意味をつくり出すために読む」ことから「意味のある行動をするために読む」ことへの転換を可能にしたのです。

本の著者であるマリア・ニコルが指摘しているように、子どもたちは「より公正な世界をつくり出すための理解に基づいて、行動するというビジョンを描きつつある」のです〔参考文献133参照〕。それらは、二つのハリソン先生の発言から、そしてもちろん、ほかの本を読んでいるときでも似たような発言からはじまったのです。事実、ハリソン先生は生徒たちに次のように言っているのです。

「あなたは理解しました。理解したことについて、どうするつもりですか？」

最後に、「研究を基本にした」教え方を真剣に受け止めるのであれば、研究が次のようなことを示してくれていることを確認しておくべきでしょう。

❶子どもの学業成績のみに焦点を当てることは、子ども本人にも知的な発達にも役に立たない。知性、創造性、思いやりは、すべて個人と同程度に集団の財産でもある。そのことを念頭に入れて教えるなら、個人の成果だけでなく協働的な（チームレベルの）成果も得られ、社会的な利益も達成することができる

❷個人の成績に焦点を当てた見方は、誰もが同じことを同じ方法で知るべきだということを意味する。また、すべての領域で個人的に優れているということは、集団が個人よりも賢くないことも意味する。間違いなく、個人の能力は大切だが、それが学業面の中心概念として過大評価され過ぎている。

❸教室に存在する教師（教え手）は大人だけではない、という事実を真剣にとらえるべきである。

❹子どもの社会的想像力は、これまで以上に真剣にとらえるべきである。社会的想像力が、市民社会の基盤であるだけでなく、子どもたちが一緒に協力して考えられる力（そして、結果的には一人で考えるために発達すること）と、道徳や社会性の発達の中核を成しているからである。

❺クラスでの子どもたちとの話し合いは、彼らが自分のことを誰だと思うのか、自分は何をして

いると思っているのかということに大きく影響している。ゆっくり時間をかけた話し合いは、子どもたちの価値観や気質（学び、自分、クラスメイトにどれだけ価値を置くかや、回復力、相互関係、社会的公正などをどれだけ大切に思うのか）を左右する。

❻意味をつくり出すことはもちろんいいことだが、意味のあることを行うことはさらにいい。

最終的に私たちは、これまで学校を導いてきているものよりもはるかに豊かな社会のビジョンをつくり出さなければなりません。そして、私たちは、子どもたちがそれをつくり出すために必要とされるものを身につけさせなければなりません。私たちがすでに知っていることを前提にすると、学校で子どもたちの市民的、社会的、そしてより広い知的な発達に注意を払わないと、子どもたちを学業面で不当に扱うだけでなく、犯罪ともなります。

読者のみなさんは、すでにお分かりでしょう……。

資料A　ジャッキー・ロビンソンについての会話（五年生のクラス）

	発言内容	解説
ジョシュア	彼は、腹が据わっている必要があると言っていたけど、それは勇気があるという意味だ。なぜなら、白人たちは彼がプレーすることを望んでいないから。	
マクマーン先生	それでは、ジャッキーはなぜ同意したと思いますか？　そのことが、私たちに教えてくれていることは何でしょうか？	「……したと思いますか？」は、相手の考えを公にするオープンな誘いかけである。問いかけは、ジョシュアの発言を真剣にとらえ、彼の権威を認め、敬意を表している。話し合いのなかで判断しないというこれまでの経験が、「そのことが、私たちに教えてくれていることは何でしょうか？」を独白的な質問にしていない。質問は、「これはジャッキーについてあなたに何かを示唆していますか？」と言ったほうがよかったかもしれない。
ジョシュア	彼は、プレーできるように「はい」と言いました。	

ジョナサン	いや、いや、僕は……。	
マクマーン先生	ジョナサン、あなたは違った考えがあるようですね？	ジョナサンの権威を認めている。
ジョナサン	（うなずいて、違う考えをもっていることを知らせる）	
マクマーン先生	ジョシュアの考えを先に掘り下げたいので、あなたの考えを忘れないようにしてね。新しい考えに移る前に、ジョシュアの証拠を聞きましょう。それが理由だと、あなたはどうして思うのですか？	……しかし、すでに話し合っている内容を掘り下げるように促す。異なる見方があることを知っているジョシュアに、自分の考えをはっきりさせ、証拠を提示するようにさせている。ジョナサンとジョシュアへの質問は、両方とも彼らが熱心で考える人たちだという前提に立っている。ジョシュアへの質問は、子どもたちに自分の考えを支持する証拠を提示する必要性を思い出させている。
ジョシュア	彼は大学ではスター選手でしたが、人種差別があるので、チームに入るのが難しいからです。	

マクマーン先生	ほかのみんなはどう思いますか?	自分を権威的で評価をする立場から除外することによって、教師は全員にジョシュアの考えを真剣に扱うと同時に、みんなを、知識があり、考えられる人たちだと位置づけている。
ケイラ	その時代は、そういうもんだったと書いてあります。だから彼は、プレーするチャンスをつかむために「はい」と言いました。彼はチャンスすらもらえませんでしたから。彼らは、彼が黒人なのでスターかどうかなんて気にしませんでした。	ケイラは自分の考えを述べ、ジョシュアの考えを支持している。
ジョナサン	でも、ケイラ、彼は……彼は……その通り、プレーしたいと思っていたと思います。でも、マーティン・ルーサー・キング・ジュニアと同じです。彼は、常に戦っちゃいけないと言っていました。本には、そう書いてあったと思う……。	ジョナサンは最初反対し、次は部分的には賛成するが、ほかの事例と本に言及しながら、ほかの視点を提供する。その過程で、彼はケイラとジョシュアを考える人たちとしてとらえたが、違う考えと証拠を提示している。

テレシア	それって、『むこうがわのあのこ』（ジャクリーン・ウッドソン作を子どもたちは読んで、考えて、話し合ったばかりでした）と似ているね。壁について言っています。別のページで。それは、『むこうがわのあのこ』に描かれているフェンスと同じです。彼（ジャッキー・ロビンソン）は、それがあってはいけないと知っていたのです。	テレシアはジョナサンの考えを発展させ、隠喩的なつながりを示し、ジャッキー・ロビンソンの思いを推論している。
マルタ	その通りね。それについては考えてなかったわ。	マルタは、クラスメイトが新しい考えと視点を提供してくれたことを認める。
マクマーン先生	あなた方は、自分を抑えるということになぜジャッキーが賛同したかということについて新しい考えをつくり出しましたね。（サークルに座っているみんなに問いかけるように）この考えについて、みなさんはどう思いますか?	教師は、意味をつくり出すという子どもたちがしていることをはっきりと示す。しかし、それが何かは、お互いに聴く必要性を低下させるので言わない。そして、まだ発言していない人たちの考えを強く求めている。
ベン	テレシアが言ったことは理解できませんでした。	ベンは教師に対して、クラスメイトの言ったことが理解できないことを認める。

マクマーン先生	誰かが言ったことを理解できないときは、それについて説明を求めることはあなたの責任だということを覚えていますか？	教師は、その発言を誰が受け取るべきかを指摘する。その過程で、自分を権威ある立場から排除して、力関係を同じレベルにし、対話的なクラスではみんなに責任があることを説明している。
ベン	（テレシアを見ながら）あなたが言おうとしていることが分かりません。	

出典：引用は、*Talking About Text: Guiding Students to Increase Comprehension Through Purposeful Talk*, Maria Nichols (2008) の九一ページですが、本書のために若干の修正を加えました。

資料B　マリオのクラス（幼稚園）・ミーティング

	発言内容	解説
アルソフ先生	クラス・ミーティングをもつように要請されたので、クラス・ミーティングをもつことにします。マリオはとても話したいことがあるそうです。それでは、はじめましょう。彼がミーティングを招集したので、あなたたちの友だちであるマリオをよく見て、聴いてください。彼は、何か考えていることがあるようです。	教師は、マリオを含めて子どもたち全員が、権限と言うべきことの両方をもっているという前提に立っている。彼女は、自分自身が権威の中心にいることを排除している。
マリオ	カエルについての本をアルソフ先生と一緒に読んでいた人たちは、少しうるさすぎました。なので、僕はオサハーの声が聞こえませんでした。次は、もう少し静かにするようにお願いしたいです。	教師がいたグループを批判することで、マリオは教師が自分を権威的な立場から排除したことに成功したことを証明している。マリオは、みんなが受け入れられる形で自分の問題を提示できている。
子どもたち	（たくさんの「ごめんなさい」という声がする）	自分たちのクラスメイトへの影響を認識して、子どもたちは純粋に謝罪している。

アルソフ先生	そのことについて話し合いましょう。あなたは、私のテーブルでガイド読みをしていた人たちが少しうるさかったと言うのね。その結果、私たちはあなたたちに聞こえづらくしていたと。それでは、みんなで考えなければいけないことは何ですか？　私のテーブルの人たちがうるさいということは、邪魔に……。	教師は問題の因果関係を繰り返し言うことで、解決法を求めている。
子どもたち	私たち／みんなの邪魔になります。（その他）	
アルソフ先生	そして、もしセンターで学習していた人たちがうるさかったら、邪魔に……。	
子どもたち	ガイド読みのテーブルの人たちの邪魔になります。	
アルソフ先生	私たちはどうすればいいと思いますか？	再度、教師は解決法を求める。それを自分が言ってしまうのではなく、子どもたちに問題の解決法を委ねている。
子どもたち	直す！	

アルソフ先生	でも、どうやって？　考えが必要です。静かにしなさい、と言うだけではだめですよね！　具体的に何かをする必要が……。	型通りの発言ではなく、具体的な方法に焦点を絞って、どうしたらいいのかを教師は尋ねている。
子どもたち	すればいいです！	
アルソフ先生	互いを助け合いながら、どうすれば、この問題を直せますか？	教師は、自分が解決方法を提案したり、ルールを思い出させたりすることで、解決法について考える必要性を取り除いていない。
	（デンゼルが隣の子のほうに身を乗り出して、ささやくのをモデルで示しました。すかさず、アルソフ先生はみんなの注意を向けさせました）	
アルソフ先生	「あなたたちはうるさすぎない？」って教室中で尋ね合うの？	教師はあえて反例を提示している。
子どもたち	違います！	
アルソフ先生	では、どうしますか？（いくつかの考えが提供される）デンゼルがしていることを見	教師は、デンゼルが示してくれていたことを活かして、彼を教える人にする。そして、

	てください。彼は、いまみんなに見せています。そして、もし誰かがあなたのところにやって来て、丁寧に、静かにするように言ったとしたら、あなたは何と言いますか？「ほっといてよ」ですか？	仮定の状況を提示しながら、クラスメイトの行動への対処の仕方を考えさせている。
子どもたち	いいえ、違います。	
アルソフ先生	もし、誰かに静かにしてくださいと言われたら、あなたは何と言いますか？（たくさんの子どもたちのアイディア）もし、私たちが学習をしているときに、誰かが私たちのテーブルにやって来て、「あなたたちはちょっとうるさすぎます」と言ったら、私たちはどうすべきですか？（子どもたちは、「静かにする」などと答える）私たちは静かにしないといけないし、「思い出させてくれてありがとう。これから静かにします」とも言わなければなりません。みなさんは知っていますか？ 人によっては、考えたり、書いたりするときに、本当に静	教師は、クラスメイトが自分たちの問題行動に対してフィードバックを提供してくれることを、肯定的な出来事として提示している。 また、他者に対して、うるさい行動を取ることの心理的な影響についても提示している。それは、子どもたちの社会的想像力を膨らませたり、それを使って状況を理解したりすることを意味する。 教師は、好みの多様性を示したうえで、静かなクラスをつくることは権威としての教

	かでないとダメなのです。あなた方のなかに、うるさいことがあまり気にならない人はいますか？（スーズィーが手を挙げる）静かで落ち着いているほうがいい人はどのくらいいますか？（ほとんどの子どもが手を挙げる）見てください。たくさんの人が静かで落ち着いている状態を好んでいます。それは、私たちが取り組むべきことですね？	師のためではなくて、クラスメイトのニーズを満たすために必要であることを明確にしている。
子どもたち	はい、そうです。	

日本放送出版会（生活人新書）2006年
・『読書家の時間――自立した読み手を育てる教え方・学び方【実践編】』プロジェクト・ワークショップ編著、新評論、2014年
・『人間関係を豊かにする授業実践プラン50』小学館教育技術ムック、1997年
・『一人ひとりをいかす評価――学び方・教え方を問い直す』C・A・トムリンソン／山元隆春ほか訳、北大路書房、2018年
・『PBL――学びの可能性をひらく授業づくり：日常生活の問題から確かな学力を育成する 』リンダ・トープほか／伊藤通子ほか訳、北大路書房、2017年
・『「学びの責任」は誰にあるのか――「責任の移行モデル」で授業が変わる』ダグラス・フィッシャーほか／吉田新一郎訳、新評論、2017年
・『ようこそ、一人ひとりをいかす教室へ――「違い」を力に変える学び方・教え方』C・A・トムリンソン／山崎敬人ほか訳、北大路書房、2017年
・『読み聞かせは魔法！』吉田新一郎、明治図書、2018年
・『ライティング・ワークショップ――「書く」ことが好きになる教え方・学び方』ラルフ・フレッチャー／小坂敦子ほか訳、新評論、2007年
・『ラングストン・ヒューズ詩集』ラングストン・ヒューズ／木島始訳、思潮社、1993年
・『ラングストン・ヒューズ詩集――ふりむくんじゃないよ』ラングストン・ヒューズ／古川博巳ほか訳、国文社、1996年
・『リーディング・ワークショップ――「読む」ことが好きになる教え方・学び方』ルーシー・カルキンズ／小坂敦子ほか訳、新評論、2010年
・『わたし、あなた、そしてみんな――人間形成のためのグループ活動ハンドブック』エリザベス・キャリスターほか／国際理解教育・資料情報センター訳、国際理解教育、1994年

訳注で紹介した本の書誌データ（タイトルのアイウエオ順）

・『遊びが学びに欠かせないわけ――自立した学び手を育てる』ピーター・グレイ／吉田新一郎訳、築地書館、2018年
・『イン・ザ・ミドル――ナンシー・アトウェルの教室』ナンシー アトウェル／小坂敦子ほか編訳、三省堂、2018年
・『選んで学ぶ――学ぶ内容・方法が選べる授業（仮）』マイク・エンダーソン／吉田新一郎訳、新評論、2019年刊行予定
・『親のためのマインドセット――成長マインドセットを育む方法（仮題）』メアリー・ケイ・リーチほか／大内朋子ほか訳、新評論、2019年刊行予定。
・『会議の技法――チームワークがひらく発想の新次元』吉田新一郎、中公新書、2000年
・『学習の輪　学び合いの協同教育入門』ジョンソン，D・Wほか／石田裕久ほか訳、二瓶社、2010年
・『好奇心のパワー　コミュニケーションが変わる』キャシー・タバナーほか／吉田新一郎訳、新評論、2017年
・『校長先生という仕事』吉田新一郎、平凡新書、2005年
・『言葉を選ぶ、授業が変わる！』ピーター・H・ジョンストン／長田友紀ほか編訳、ミネルヴァ書房、2018年
・『最高の授業』アレキシス・ウィギンズ／吉田新一郎訳、新評論、2018年
・『作家の時間――「書く」ことがすきになる教え方・学び方【実践編】（増補版）』プロジェクト・ワークショップ編、新評論、2018年
・『算数・数学はアートだ！――ワクワクする問題を子どもたちに』ポール・ロックハート／吉田新一郎訳、新評論、2016年
・『教科書では学べない数学的思考』ジョン・メイソンほか／吉田新一郎訳、新評論、2019年
・『成績をハックする――評価を学びにいかす10の方法』スター・サックシュタイン著　高瀬裕人ほか訳、新評論、2018年
・『たった一つを変えるだけ――クラスも教師も自立する「質問づくり」』ダン・ロススタインほか／吉田新一郎訳、新評論、2015年
・『テストだけでは測れない！――人を伸ばす「評価」とは』吉田新一郎、

⑱ Topping, K. J., and S. Trickey. 2007a. "Collaborative Philosophical Inquiry for Schoolchildren: Cognitive Gains at 2-Year Follow-Up." *British Journal of Educational Psychology* 77(4): 787–796.
⑱ ———. 2007b. "Collaborative Philosophical Enquiry for School Children: Cognitive Effects at 10–12 Years." *British Journal of Educational Psychology* 77(2): 271–288. doi: 10.1348/000709906x05328.
⑱ Tovani, C. 2000. *I Read It, but I Don't Get It: Comprehension Strategies for Adolescent Readers.* Portland, ME: Stenhouse. 引用は、p7
⑱ Trickey, S., and K. J. Topping. 2004. "'Philosophy for Children': A Systematic Review." *Research Papers in Education* 19(3): 365–380.
⑱ ———. 2006. "Collaborative Philosophical Enquiry for School Children." *School Psychology International* 27(5): 599–614. doi: 10.1177/0143034306073417.
⑱ Troyer, L., and R. Youngreen. 2009. "Conflict and Creativity in Groups." *Journal of Social Issues* 65(2): 409–427.
⑱ Turner, R. H., and L. Killian. 1957. *Collective Behaviour.* Englewood Cliffs, NJ: Prentice Hall.
⑱ van den Branden, K. 2000. "Does Negotiation of Meaning Promote Reading Comprehension? A Study of Multilingual Primary School Classes." *Reading Research Quarterly* 35: 426–443.
⑱ Volet, S., M. Vauras, and P. Salonen. 2009. "Self- and Social Regulation in Learning Contexts: An Integrative Perspective." *Educational Psychologist* 44(4): 215–226.
⑲ Vygotsky, L. S. 1978. *Mind in Society: The Development of Higher Psychological Processes.* Cambridge, MA: Harvard University Press.
⑲ Watson, A. C., C. L. Nixon, A. Wilson, and L. Capage. 1999. "Social Interaction Skills and Theory of Mind in Young Children." *Developmental Psychology* 35: 386–391.
⑲ *Week, The.* 2010. Einstein quotation. September 24.
⑲ Wegerif, R. 2007. *Dialogic Education and Technology: Expanding the Space of Learning.* New York: Springer.
⑲ Wentzel, K. R. 1994. "Relations of Social Goal Pursuit to Social Acceptance, Classroom Behavior, and Perceived Social Support." *Journal of Educational Psychology* 86: 173–182.
⑲ ———. 1997. "Student Motivation in Middle School: The Role of Perceived Pedagogical Caring." *Journal of Educational Psychology* 89: 411–419.
⑲ White House. 2011. "Education: Guiding Principles." The White House. http://www.whitehouse.gov/issues/education.
⑲ Wilkes, S. 1994. *One Day We Had to Run: Refugee Children Tell Their Stories in Words and Paintings.* Minneapolis: Lerner.
⑲ Williams, R. G., and M. Williams. 2005. *Brothers in Hope: The Story of the Lost Boys of Sudan.* New York: Lee and Low.
⑲ Woolley, A. W., C. F. Chabris, A. Pentland, N. Hashmi, and T. W. Malone. 2010. "Evidence for a Collective Intelligence Factor in the Performance of Human Groups." *Science* 330(6004): 686–688. doi: 10.1126/science.1193147.
⑳ Yackel, E., P. Cobb, and T. Wood. 1991. "Small-Group Interactions as a Source of Learning Opportunities in Second-Grade Mathematics." *Journal for Research in Mathematics Education* 22(5): 390–408.
⑳ Yanoff, E. 2007. "Inquiry and Ideological Becoming in First Grade Literature Discussions." PhD diss., University at Albany-SUNY.

Lives." *Educational Leadership* 57(1): 76.
⑯③ Seligman, M. E. P., and S. Nolen-Hoeksma. 1987. "Explanatory Style and Depression." In *Psychopathology: An Interactional Perspective*, eds. D. Magnusson and A. Ohman. Orlando, FL: Academic Press.
(164) Shah, J. Y., A. W. Kruglanski, and E. P. Thompson. 1998. "Membership Has Its (Epistemic) Rewards: Need for Closure Effects on In-Group Bias." *Journal of Personality and Social Psychology* 75: 383–393.
(165) Sharp, C. 2008. "Theory of Mind and Conduct Problems in Children: Deficits in Reading the 'Emotions of the Eyes.'" *Cognition and Emotion* 22(6): 1149–1158.
(166) Sheeber, L. B., C. Johnston, M. Chen, C. Leve, H. Hops, and B. Davis. 2009. "Mothers' and Fathers' Attributions for Adolescent Behavior: An Examination in Families of Depressed, Subdiagnostic, and Nondepressed Youth." *Journal of Family Psychology* 23(6): 871-881. doi: 10.1037/a0016758.
(167) Sheppard, L. A. 2002. "The Hazards of High-Stakes Testing." *Issues in Science and Technology* 19(2): 53.
(168) Shih, M., and T. L. Pittinsky. 1999. "Stereotype Susceptibility: Identity Salience and Shifts in Quantitative Performance." *Psychological Science* 10(1): 80.
(169) Smith, E. R., R. W. Tyler, and the Evaluation Staff. 1942. *Appraising and Recording Student Progress.* New York: Harper and Brothers.
(170) Snyder, J., A. Cramer, J. Afrank, and G. R. Patterson. 2005. "The Contributions of Ineffective Discipline and Parental Hostile Attributions of Child Misbehavior to the Development of Conduct Problems at Home and School." *Developmental Psychology* 41: 30–41.
(171) Sodian, B., Hulsken, C., and Thoermer, C. 2003. "The Self and Action in Theory of Mind Research." *Consciousness and Cognition* 12(4): 777.
(172) Solomon, Y. 2008. *Mathematical Literacy: Developing Identities of Inclusion*. New York: Routledge.
(173) Soorya, L. V., & D. Halpern. 2009. "Psychosocial Interventions for Motor Coordination, Executive Functions, and Socialization Deficits in ADHD and ASD." *Primary Psychiatry* 16(1): 48–54.
(174) Soter, A. O., I. A. Wilkinson, P. K. Murphy, L. Rudge, K. Reninger, and M. Edwards. 2008. "What the Discourse Tells Us: Talk and Indicators of High-Level Comprehension." *International Journal of Educational Research* 47(6): 372–391.
(175) Steele, C. M., and J. Aronson. 1995. "Stereotype Threat and the Intellectual Test Performance of African-Americans." *Journal of Personality and Social Psychology* 69(5): 797–811.
(176) Steig, W. 1982. *Doctor De Soto.* New York: Farrar, Straus and Giroux. 『歯いしゃのチュー先生』ウィリアム・スタイグ文と絵／うつみまお訳、評論社、1991年
(177) Stojanovich, L., and D. Marisavljevich. 2008. "Stress as a Trigger of Autoimmune Disease." *Autoimmunity Reviews* 7(3): 209–213.
(178) TeacherVision. n.d. "Character Traits." http://www.teachervision.fen.com/writing/resource/2669.html.
(179) *Thirty Schools Tell Their Story: Each School Writes of Its Participation in the Eight-Year Study.* 1942. New York: Harper and Brothers.
(180) Thorkildsen, T. A. 2000. "The Way Tests Teach: Children's Theories of How Much Testing Is Fair in School." In *Education, Culture, and Values, Vol. III: Classroom Issues: Practice, Pedagogy, and Curriculum*, eds. M. Leicester, C. Modgil and S. Modgil, 61–79. London: Falmer.

Development 60(3): 689.
⑭ Perry, B. D. 2010. *Born for Love: Why Empathy is Essential—and Endangered.* New York: HarperCollins.『子どもの共感力を育てる』ブルース・D. ペリー，マイア・サラヴィッツ／戸根由紀恵訳、紀伊國屋書店、2012年
⑮ Peskin, J., and J. W. Astington. 2004. "The Effects of Adding Metacognitive Language to Story Texts." *Cognitive Development* 19(2): 253.
⑯ Peterson, C., N. Park, and M. E. P. Seligman. 2005. "Orientations to Happiness and Life Satisfaction: The Full Life Versus the Empty Life." *Journal of Happiness Studies* 6: 25–41.
⑰ Peterson, C. C., and M. Siegal. 2000. "Insights into Theory of Mind from Deafness and Autism." *Mind and Language* 15(1): 123.
⑱ Phillips, W. S., S. Baron-Cohen, and M. Rutter. 1998. "Can Children with Autism Understand Intentions?" *British Journal of Developmental Psychology* 16: 337–348.
⑲ Piaget, J. 1932. *The Moral Judgement of the Child.* London: Routledge.
⑳ Pierro, A., L. Mannetti, E. De Grada, S. Livi, and A. W. Kruglanski. 2003. "Autocracy Bias in Informal Groups Under Need for Closure." *Personality and Social Psychology Bulletin* 29: 405–417.
(151) Plaks, J. E., C. S. Dweck, S. J. Stroessner, and J. W. Sherman. 2001. "Person Theories and Attention Allocation: Preferences for Stereotypic Versus Counterstereotypic Information." *Journal of Personality and Social Psychology* 80(6): 876–893.
(152) Ray, K. W., with L. Cleaveland. 2004. *About the Authors: Writing Workshop with Our Youngest Writers.* Portsmouth, NH: Heinemann. 引用は、p102
(153) Reilly, M. A. 2008. "Finding the Right Words: Art Conversations and Poetry." *Language Arts* 86(2): 99–107
(154) Rex, L. A., and M. C. Nelson. 2004. "How Teachers' Professional Identities Position High-Stakes Test Preparation in Their Classrooms." *Teachers College Record* 106(6): 1288–1331.
(155) Ryan, R. M., and E. L. Deci. 2006. "Self-Regulation and the Problem of Human Autonomy: Does Psychology Need Choice, Self-Determination, and Will?" *Journal of Personality* 74(6): 1557–1586.
(156) Saunders, W. M., and C. Goldenberg. 1999. "Effects of Instructional Conversations and Literature Logs on Limited- and Fluent-English-Proficient Students' Story Comprehension and Thematic Understanding." *Elementary School Journal* 99(4): 277–301.
(157) Schultz, D., C. Izard, and B. Ackerman. 2000. "Children's Anger Attribution Bias: Relations to Family Environment and Social Adjustment." *Social Development* 9: 284–301.
(158) Schwarz, B. B., N. Prusak, and R. Hershkowitz. 2010. "Argumentation and Mathematics." In *Educational Dialogues: Understanding and Promoting Productive Interaction,* eds. K. Littleton and C. Howe. New York: Routledge.
(159) Schweinhart, L. J., J. Montie, Z. Xiang, W. S. Barnett, C. R. Belfield, and M. Nores. 2005. *Lifetime Effects: The High/Scope Perry Preschool Study Through Age 40.* Ypsilanti, MI: High/Scope.
(160) Schweinhart, L. J., and C. R. Wallgren. 1993. "Effects of a Follow-Through Program on School Achievement." *Journal of Research in Childhood Education* 8(1): 43–56.
(161) Schweinhart, L. J., and D. P. Weikart. 1998. "Why Curriculum Matters in Early Childhood Education." *Educational Leadership* 55(6): 57.
(162) ———. 1999. "The Advantages of High/Scope: Helping Children Lead Successful

⑫⑤ Miller, J. G. 2003. "Culture and Agency: Implications for Psychological Theories of Motivation and Social Development." In *Crosscultural Differences in Perspectives on the Self*, eds. V. Murphy-Berman and J. Berman. Lincoln: University of Nebraska Press.
⑫⑥ Miller, J. G., D. M. Bersoff, and R. L. Harwood. 1990. "Perceptions of Social Responsibilities in India and in the United States: Moral Imperatives or Personal Decisions?" *Journal of Personality and Social Psychology* 58(1): 33–47.
⑫⑦ Miller, J. G., and S. Luthar. 1989. "Issues of Interpersonal Responsibility and Accountability: A Comparison of Indians' and Americans' Moral Judgments." *Social Cognition* 7(3): 237–261.
⑫⑧ Mohr, P., K. Howells, A. Gerace, A. Day, and M. Wharton. 2007. "The Role of Perspective Taking in Anger Arousal." *Personality and Individual Differences* 43(3): 507–517.
⑫⑨ Molden, D. C., and C. S. Dweck. 2006. "Finding 'meaning' in psychology.'" *American Psychologist* 61(3): 192–203.
⑬⓪ Munsch, R. N. 1999. *The Paper Bag Princess*. Buffalo, NY: Firefly.『紙ぶくろの王女さま』ロバート・マンチ文、マイケル・マーチェンコ絵／加島葵訳、河合楽器製作所出版事業部、1999年
⑬① Murphy, P. K., I. A. G. Wilkinson, A. O. Soter, M. N. Hennessey, and J. F. Alexander. 2009. "Examining the Effects of Classroom Discussion on Students' Comprehension of Text: A Meta-Analysis." *Journal of Educational Psychology* 101(3): 740–764.
⑬② Nasby, W., B. Hayden, and B. DePaulo. 1980. "Attributional Bias Among Aggressive Boys to Interpret Unambiguous Social Stimuli as Displays of Hostility." *Journal of Abnormal Psychology* 89: 459–468.
⑬③ Nichols, M. 2006. *Comprehension Through Conversation: The Power of Purposeful Talk in the Reading Workshop*. Portsmouth, NH: Heinemann. 引用は、p91
⑬④ ———. 2008. *Talking About Text: Guiding Students to Increase Comprehension Through Purposeful Talk*. Huntington Beach, CA: Shell Education.
⑬⑤ ———. 2009. *Expanding Comprehension with Multigenre Text Sets*. New York: Scholastic.
⑬⑥ Nores, M., C. R. Belfield, W. S. Barnett, and L. J. Schweinhart. 2005. "Updating the Economic Impacts of the High/Scope Perry Preschool Program." *Educational Evaluation and Policy Analysis* 27(3): 245–261.
⑬⑦ Nussbaum, A. D., and C. S. Dweck. 2008. "Defensiveness vs. Remediation: Self-Theories and Modes of Self-Esteem Maintenance." *Personality and Social Psychology Bulletin* 34: 599–612.
⑬⑧ Nystrand, M. 2006. "Research on the Role of Classroom Discourse as it Affects Reading Comprehension." *Research in the Teaching of English* 40(4): 393–412.
⑬⑨ Nystrand, M., with A. Gamoran, R. Kachur, and C. Prendergast. 1997. *Opening Dialogue: Understanding the Dynamics of Language and Learning in the English Classroom*. New York: Teachers College.
⑭⓪ Oliner, S. P., and P. M. Oliner. 1988. *The Altruistic Personality: Rescuers of Jews in Nazi Europe*. New York: The Free Press.
⑭① Olson, R. L. 2003. "Strange Things You Likely Didn't Know." http://www.robinsweb.com/humor/strange_things.html.
⑭② Osborne, J., and C. Chin. 2010. "The Role of Discourse in Learning Science." In *Educational Dialogues: Understanding and Promoting Productive Interaction*, eds. K. Littleton and C. Howe. New York: Routledge.
⑭③ Perner, J., U. Frith, A. M. Leslie, and S. R. Leekam. 1989. "Exploration of the Autistic Child's Theory of Mind: Knowledge, Belief, and Communication." *Child*

藤諦三訳、PHP研究所、2009年
⑩⑦ ———. 1997. *The Power of Mindful Learning*. Reading, MA: Addison-Wesley.『あなたの「天才」の見つけ方——ハーバード大学教授がこっそり教える』エレン・ランガー/加藤諦三訳、PHP研究所、2002年
⑩⑧ ———. 1999. "Self-Esteem vs. Self-Respect." *Psychology Today*, November 1, 32.
⑩⑨ Lattimer, H. 2009. "Gaining Perspective: Recognizing the Processes by Which Students Come to Understand and Respect Alternative Viewpoints." Presentation at the annual meeting of the American Educational Research Association. San Diego, CA, April.
⑪⓪ Lee, H. 1962. *To Kill a Mockingbird*. New York: Grand Central.『アラバマ物語』ハーパー・リー/菊池重三郎訳、暮しの手帖社、1984年（引用は、44~45ページ）
⑪① Levy, S. R., and C. S. Dweck. 2005. "Trait- Versus Process-Focused Social Judgment." *Social Cognition* 16(1): 151–172.
⑪② Levy, S. R., J. E. Plaks, Y.-y. Hong, C.-y. Chiu, and C. S. Dweck. 2001. "Static Versus Dynamic Theories and the Perception of Groups: Different Routes to Different Destinations." *Personality and Social Psychology Review* 5(2): 156–168.
⑪③ Levy-Tossman, I., A. Kaplan, and A. Assor. 2007. "Academic Goal Orientations, Multiple Goal Profiles, and Friendship Intimacy Among Early Adolescents." *Contemporary Educational Psychology* 32(2): 231–252.
⑪④ Lindfors, J. W. 1999. *Children's Inquiry: Using Language to Make Sense of the World*. New York: Teachers College.
⑪⑤ Lohmann, H., M. Tomasello, and S. Meyer. 2005. "Linguistic Communication and Social Imagination." In *Why Language Matters for Theory of Mind*, eds. J. W. Astington and J. A. Baird. Oxford, UK: Oxford University Press.
⑪⑥ Luthar, S. S., and T. J. McMahon. 1996. "Peer Reputation Among Inner-City Adolescents: Structure and Correlates." *Journal of Research on Adolescence* 6(4): 581–603.
⑪⑦ Lysaker, J., C. Tonge, D. Gauson, and A. Miller. 2009. "Relationally Oriented Reading Instruction and the Development of Listening Comprehension, Narrative Competence, and Social Imagination in 2nd and 3rd Grade Children." Paper presented at the National Reading Conference, Albuquerque, NM, December.
⑪⑧ Lysaker, J. T., C. Tonge, D. Gauson, and A. Miller. Forthcoming. "Reading and Social Imagination: What Relationally Oriented Instruction Can Do for Children." *Reading Psychology*.
⑪⑨ Lyubomirsky, S., L. King, and E. Diener. 2005. "The Benefits of Frequent Positive Affect: Does Happiness Lead to Success?" *Psychological Bulletin* 131(6): 803–855. doi: 10.1037/0033-2909.131.6.803.
⑫⓪ Martin, J. B. 1998. *Snowflake Bentley*. Boston: Houghton Mifflin.『雪の写真家ベントレー』ジャクリーン・ブリッグズ・マーティン作、メアリー・アゼアリアン絵/千葉茂樹訳、BL出版、1999年
⑫① McCloskey, E. 2007. "Taking on a Learning Disability: Negotiating Special Education and Learning to Read." PhD diss., University at Albany-SUNY.
⑫② McCollister, K. E., M. T. French, and H. Fang. 2010. "The Cost of Crime to Society: New Crime-Specific Estimates for Policy and Program Evaluation." *Drug and Alcohol Dependence* 108(1/2): 98–109.
⑫③ McNeil, L. M. 2000. *Contradictions of School Reform: Education Costs of Standardized Testing*. New York: Routledge.
⑫④ Mercer, N., R. Wegerif, and L. Dawes. 1999. "Children's Talk and the Development of Reasoning in the Classroom." *British Educational Research Journal* 25(1): 95–111.

⑻ Johnston, P., and K. Champeau. 2008. “High Stakes Testing: Narratives of the Cost of ‘Friendly Fire.’” Presentation at the National Reading Conference, Orlando, FL, December 5.

⑼ Johnston, P., V. Goatley, and C. Dozier. 2008. “Educator Decision-Making Orientation.” Presentation at the National Reading Conference, Orlando, FL, December 5.

⑼ Josephson Institute. 2010. “The Ethics of American Youth: 2010.” Josephson Institute. http://charactercounts.org/programs/reportcard/2010/installment01_report-card_bullying-youth-violence.html.

⑼ Jost, J. T., A. W. Kruglanski, and L. Simon. 1999. “Effects of Epistemic Motivation on Conservatism, Intolerance and Other System-Justifying Attitudes.” In *Shared Cognition in Organizations: The Management of Knowledge*, eds. L. I. Thompson, J. M. Levine, and D. M. Messick. Mahwah, NJ: Erlbaum.

⑼ Kamins, M. L., and C. S. Dweck. 1999. “Person Versus Process Praise and Criticism: Implications for Contingent Self-Worth and Coping.” *Developmental Psychology* 35(3): 835–847.

⑼ Keillor, Garrison. 2007. “The Last Picture Show.” *The Guardian*, January 3. http://www.guardian.co.uk/film/2007/jan/03/2.

⑼ Kingsbury, K. 2008. “Tallying Mental Illness’ Costs.” *Time*, May 9. http://www.time.com/time/health/article/0,8599,1738804,00.html#ixzz1ag51dKoq.

⑼ Knee, C. R. 1998. “Implicit Theories of Relationships: Assessment and Prediction of Romantic Relationship Initiation, Coping and Longevity.” *Journal of Personality and Social Psychology* 74(2): 360–370.

⑼ Kohn, A. 1993. *Punished by Rewards: The Trouble with Gold Stars, Incentive Plans, A's, Praise, and Other Bribes*. New York: Houghton Mifflin.

⑼ Kosic, A., A. W. Kruglanski, A. Pierro, and L. Mannetti. 2004. “Social Cognition of Immigrants’ Acculturation: Effects of the Need for Closure and the Reference Group at Entry.” *Journal of Personality and Social Psychology* 86: 1–18.

⑼ Kruglanski, A. W., and D. M. Webster. 1991. “Group Members’ Reactions to Opinion Deviates and Conformists at Varying Degrees of Proximity to Decision Deadline and of Environmental Noise.” *Journal of Personality and Social Psychology* 61: 212–225.

⑽ ———. 1996. “Motivated Closing of the Mind: ‘Seizing’ and ‘Freezing.’” *Psychological Review* 103(2): 263.

⑽ Kruglanski, A. W., D. M. Webster, and A. Klem. 1993. “Motivated Resistance and Openness to Persuasion in the Presence or Absence of Prior Information.” *Journal of Personality and Social Psychology* 65(5): 861–876.

⑽ Kruglanski, A. W., A. Pierro, L. Mannetti, and E. De Grada. 2006. “Groups as Epistemic Providers: Need for Closure and the Unfolding of Group-Centrism.” *Psychological Review* 113(1): 84–100.

⑽ Kruglanski, A. W., J. Y. Shah, A. Pierro, and L. Mannetti. 2002. “When Similarity Breeds Content: Need for Closure and the Allure of Homogeneous and Self-Resembling Groups.” *Journal of Personality and Social Psychology* 83(3): 648–662.

⑽ Laczynski, A. R. 2006. “The Children Left Behind: Memories of Promoting Literacy.” *Language Arts* 83(5): 395–403. 引用は、p403

⑽ Langer, E. 1987. “The Prevention of Mindlessness.” *Journal of Personality and Social Psychology* 53(2): 280–287.

⑽ ———. 1989. *Mindfulness*. Reading, MA: Addison-Wesley.『心の「とらわれ」にサヨナラする心理学――人生は「マインドフルネス」でいこう！』エレン・ランガー／加

与える要因の効果の可視化』ジョン・ハッティ／山森光陽訳、図書文化社、2018年
㉛ Heyman, G. D., and C. S. Dweck. 1998. "Children's Thinking About Traits: Implications for Judgments of the Self and Others." *Child Development* 64(2): 391–403.
㉜ Hong, Y.-y., C.-y. Chiu, C. S. Dweck, D. M.-S. Lin, and W. Wan. 1999. "Implicit Theories, Attributions, and Coping: A Meaning System Approach." *Journal of Personality and Social Psychology* 77(3): 588–599.
㉝ Horn, M., and M. E. Giacobbe. 2007. *Talking, Drawing, Writing: Lessons for Our Youngest Writers.* Portland, ME: Stenhouse. 引用は、p47～48
㉞ Hua, F., L. Ya-yu, T. Shuling, and G. Cartledge. 2008. "The Effects of Theory-of-Mind and Social Skill Training on the Social Competence of a Sixth-Grade Student with Autism." *Journal of Positive Behavior Interventions* 10(4): 228–242.
㉟ Hudley, C. 1994. "Perceptions of Intentionality, Feelings of Anger, and Reactive Aggression." In *Anger, Hostility, and Aggression: Assessment, Prevention, and Intervention Strategies for Youth*, eds. M. Furlong and D. Smith. Brandon, VT: Clinical Psychology.
㊱ Hudley, C., S. Graham, and A. Taylor. 2007. "Reducing Aggressive Behavior and Increasing Motivation in School: The Evolution of an Intervention to Strengthen School Adjustment." *Educational Psychologist* 42(4): 251–260.
㊲ Huijing, L., S. Yanjie, W. Qi. 2008. "Talking About Others Facilitates Theory of Mind in Chinese Preschoolers." *Developmental Psychology* 44(6): 1726–1736.
㊳ Ivey, G., and P. Johnston. 2010. "Reading Engagement, Achievement, and Moral Development in Adolescence." Paper presented at the annual meeting of the Literacy Research Association, Fort Worth, TX, December 2.
㊴ ———. 2011. "Transcending the Curriculum and Other Consequences of Engaged Reading on Adolescent Learners." Presentation at the annual meeting of the International Reading Association, Orlando, FL, May 11.
㊵ Iyengar, S. S., and M. R. Lepper. 1999. "Rethinking the Value of Choice: A Cultural Perspective on Intrinsic Motivation." *Journal of Personality and Social Psychology* 76: 349–366.
㊶ Janeczko, P. B., ed. 2001. *A Poke in the I: A Collection of Concrete Poems.* Cambridge, MA: Candlewick.
㊷ Janis, I. L. 1982. *Groupthink: Psychological Studies of Policy Decisions and Fiascoes.* Boston: Houghton Mifflin.
㊸ Johnson, D. W., and R. Johnson. 1981a. "Building Friendships Between Handicapped and Nonhandicapped Students: Effects of Cooperative and Individualistic Instruction." *American Educational Research Journal* 18: 415–424.
㊹ ———. 1981b. "Effects of Cooperative and Individualistic Learning Experiences on Interethnic Interaction." *Journal of Educational Psychology* 73: 454–459.
㊺ ———. 1982. "Effects of Cooperative and Individualistic Instruction on Handicaped and Nonhandicapped Students." *Journal of Social Psychology* 118: 257–268.
㊻ ———. 2009. "An Educational Psychology Success Story: Social Interdependence Theory and Cooperative Learning." *Educational Researcher* 38(5): 365–379.
㊼ Johnston, P. 2004. *Choice Words: How Our Language Affects Children's Learning.* Portland, ME: Stenhouse.『言葉を選ぶ、授業が変わる！』ピーター・ジョンストン／長田友紀他訳、ミネルヴァ書房、2018年（引用は、205～206および235ページ）
㊽ Johnston, P., and J. Backer. 2002. "Inquiry and a Good Conversation: 'I Learn a Lot from Them.'" In *Reading to Learn: Lessons from Exemplary Fourth-Grade Classrooms*, eds. R. L. Allington and P. H. Johnston. New York: Guilford.

"Effects of Rewards on Children's Prosocial Motivation: A Socialization Study." *Developmental Psychology* 62: 357–368.
54. Fahie, C. M., and D. K. Symons. "Executive Functioning and Theory of Mind in Children Clinically Referred for Attention and Behavior Problems." *Journal of Applied Developmental Psychology* 24(1): 51–73. doi: 10.1016/s0193-3973(03)00024-8.
55. Filippova, E., and J. W. Astington. 2008. "Further Development in Social Reasoning Revealed in Discourse Irony Understanding." *Child Development* 79(1): 126–138.
56. Finkel, E. J., W. K. Campbell, A. B. Brunell, A. N. Dalton, S. J. Scarbeck, and T. L. Chartrand. 2006. "High-Maintenance Interaction: Inefficient Social Coordination Impairs Self-Regulation." *Journal of Personality and Social Psychology* 91(3): 456–475. doi: 10.1037/0022-3514.91.3.456.
57. Flanagan, C. A., and M. Stout. 2010. "Developmental Patterns of Social Trust Between Early and Late Adolescence: Age and School Climate Effects." *Journal of Research on Adolescence* 20(3): 748–773.
58. Furrow, D., C. Moore, J. Davidge, and L. Chiasson. 1992. "Mental Terms in Mothers' and Children's Speech: Similarities and Relationships." *Journal of Child Language* 19: 617–631.
59. Galinsky, A. D., and G. B. Moskowitz. 2000. "Perspective-Taking: Decreasing Stereotype Expression, Stereotype Accessibility, and In-Group Favoritism." *Journal of Personality and Social Psychology* 78(4): 708–724.
60. Giff, P. R. 1990. *Ronald Morgan Goes to Bat.* New York: Puffin.
61. Giles, H. H., S. P. McCutchen, and A. N. Zechiel. 1942. *Exploring the Curriculum: The Work of the Thirty Schools from the Viewpoint of Curriculum Consultants.* New York: Harper and Brothers.
62. Gilmore, A. 2002. "Large-Scale Assessment and Teachers' Assessment Capacity: Learning Opportunities for Teachers in the National Education Monitoring Project in New Zealand." *Assessment in Education: Principles, Policy & Practice* 9(3): 343–361.
63. Giltay, E. J., J. M. Geleijnse, F. G. Zitman, T. Hoekstra, and E. G. Schouten. 2004. "Dispositional Optimism and All-Cause and Cardiovascular Mortality in a Prospective Cohort of Elderly Dutch Men and Women." *Archives of General Psychiatry* 61: 1126–1135.
64. Graham, S., C. Hudley, and E. Williams. 1992. "Attributional and Emotional Determinants of Aggression Among African-American and Latino Young Adolescents." *Developmental Psychology* 28: 731–740.
65. Grant, H., and C. S. Dweck. 2003. "Clarifying Achievement Goals and Their Impact." *Journal of Personality and Social Psychology* 85(3): 541–553.
66. Hahn, C. L. 1998. *Becoming Political: Comparative Perspectives on Citizenship Education.* Albany: State University of New York.
67. Halliday, M. A. K. 1993. "Towards a Language-Based Theory of Learning." *Linguistics and Education* 5: 93–116. 引用は、p10
68. Halliday-Boykins, C. A., and S. Graham. 2001. "At Both Ends of the Gun: Testing the Relationship Between Community Violence Exposure." *Journal of Abnormal Child Psychology* 29(5): 383.
69. Harris, P. L. 2005. "Conversation, Pretense, and Theory of Mind." In *Why Language Matters for Theory of Mind*, eds. J. W. Astington and J. A. Baird. Oxford, UK: Oxford University Press.
70. Hattie, J. A. C. 2009. *Visible Learning: A Synthesis of over 800 Meta-Analyses Relating to Achievement*. New York: Routledge. 『教育の効果——メタ分析による学力に影響を

Model of Achievement Motivation and the 2 × 2 Achievement Goal Framework." *Journal of Personality and Social Psychology* 90(4): 666–679. doi: 10.1037/0022-3514.90.4.666.
㊱ Darnon, C. L., F. Butera, and J. M. Harackiewicz. 2007. "Achievement Goals in Social Interactions: Learning with Mastery vs. Performance Goals." *Motivation & Emotion* 31(1): 61–70.
㊲ Darnon, C. L., S. B. Doll, and F. Butera. 2007. "Dealing with a Disagreeing Partner: Relational and Epistemic Conflict Elaboration." *European Journal of Psychology of Education* 22(3): 227–242.
㊳ Darnon, C. L., D. Muller, S. M. Schrager, N. Pannuzzo, and F. Butera, "Mastery and Performance Goals Predict Epistemic and Relational Conflict Regulation." *Journal of Educational Psychology* 98(4): 766–776.
㊴ Davydov, D. 2007. "35 Weird Facts You Never Heard Of." Madconomist.com. http://madconomist.com/35-weird-facts-you-never-heard-of.
㊵ Deci, E. L., N. H. Siegel, R. M. Ryan, R. Koestner, and M. Kauffman. 1982. "Effects of Performance Standards on Teaching Styles: Behavior of Controlling Teachers." *Journal of Educational Psychology* 74: 852–859.
㊶ De Grada, E., and A. W. Kruglanski. 1999. "Motivated Cognition and Group Interaction: Need for Closure Affects the Contents and Processes." *Journal of Experimental Social Psychology* 35(4): 346.
㊷ Delizonna, L. L., R. P. Williams, and E. J. Langer. 2009. "The Effect of Mindfulness on Heart Rate Control." *Journal of Adult Development* 16(2): 61–65.
㊸ Diener, C. I., and C. S. Dweck. 1978. "An Analysis of Learned Helplessness: Continuous Changes in Performance, Strategy, and Achievement Cognitions Following Failure." *Journal of Personality and Social Psychology* 36(5): 451–462. doi: 10.1037/0022-3514.36.5.451.
㊹ ———. 1980. "An Analysis of Learned Helplessness: II. The Processing of Success." *Journal of Personality and Social Psychology* 39(5): 940–952. doi: 10.1037/0022-3514.39.5.940.
㊺ Diener, E., C. Nickerson, R. E. Lucas, and E. Sandvik. 2002. "Dispositional Affect and Job Outcomes." *Social Indicators Research* 59: 229–259.
㊻ Dodge, K. 1980. "Social Cognition and Children's Aggressive Behavior." *Child Development* 51: 162–170.
㊼ Dong, T., R. C. Anderson, K. Il-Hee, and L. Yuan. 2008. "Collaborative Reasoning in China and Korea." *Reading Research Quarterly* 43(4): 400–424.
㊽ Dweck, C. S. 2000. *Self-Theories: Their Role in Motivation, Personality, and Development.* Philadelphia, PA: Psychology Press.
㊾ ———. 2006. *Mindset: The New Psychology of Success.* New York: Random House. 『マインドセット：「やればできる！」の研究』キャロル・ドゥエック／今西康子訳、草思社、2016年
㊿ Dweck, C. S., and E. L. Leggett. 1988. "A Social-Cognitive Approach to Motivation and Personality." *Psychological Review* 95: 256–273.
(51) Eisenberg, N., and R. A. Fabes. 1998. "Prosocial Development." In *The Handbook of Child Psychology: Social, Emotional, and Personality Development.* 5th ed. Vol. 3, ed. N. Eisenberg, 701–778. New York: Wiley.
(52) Erdley, C. A., and C. S. Dweck. 1993. "Children's Implicit Personality Theories as predictors of Their Social Judgments." *Child Development* 64(3): 863–878.
(53) Fabes, R. A., J. Fultz, N. Eisenberg, T. May-Plumlee, and F. S. Christopher. 1989.

York: Theatre Communications Group.『被抑圧者の演劇』アウグスト・ボアール／里見実、佐伯隆幸、三橋修訳、晶文社、1984年
⑯ Boaler, J. 2008. "Promoting Relational Equity: The Mixed Ability Mathematics Approach That Taught Students High Levels of Responsibility, Respect, and Thought." *British Educational Research Journal* 34(2): 167–194.
⑰ Bomer, R., and K. Bomer. 2001. *For a Better World: Reading and Writing for Social Action.* Portsmouth, NH: Heinemann.
⑱ Brisson, P. 1998. *The Summer My Father Was Ten.* Honesdale, PA: Boyds Mills.
⑲ Brooks, D. 2011. *The Social Animal: The Hidden Sources of Love, Character, and Achievement.* New York: Random House.『人生の科学：「無意識」があなたの一生を決める』デイヴィッド・ブルックス／夏目大訳、早川書房、2012年
⑳ Browne, A. 2001. *Voices in the Park.* New York: DK.『こうえんで…４つのお話』アンソニー・ブラウン／久山太市やく、評論社、2001年
㉑ Burbules, N. 1993. *Dialogue in Teaching: Theory and Practice.* New York: Teachers College.
㉒ Burleigh, R. 2007. *Stealing Home: Jackie Robinson: Against the Odds.* New York: Simon and Schuster.
㉓ Caillies, S. P., and S. Le Sourn-Bissaoui. 2008. "Children's Understanding of Idioms and Theory of Mind Development." *Developmental Science* 11(5): 703–711.
㉔ Carr, M., and G. Claxton. 2002. "Tracking the Development of Learning Dispositions." *Assessment in Education* 9(1): 9–37.
㉕ Cazden, C. 2008. "Reflections on the Study of Classroom Talk." In *Exploring Talk in Schools: Inspired by the Work of Douglas Barnes*, eds. N. Mercer and S. Hodgkinson. London: Sage.
㉖ Centers for Disease Control and Prevention. 2011. "Key Findings: Trends in the Prevalence of Developmental Disabilities in U.S. Children, 1997–2008." http://www.cdc.gov/ncbddd/features/birthdefects-dd-keyfindings.html. 引用は､p163
㉗ Chamberlin, D., E. S. Chamberlin, N. E. Drought, and W. E. Scott. 1942. *Did They Succeed in College? The Follow-Up Study of the Graduates of the Thirty Schools.* New York: Harper and Brothers.
㉘ Charney, R. S. 2002. *Teaching Children to Care: Classroom Management for Ethical and Academic Growth, K–8.* Rev. ed. Turners Falls, MA: Northeast Foundation for Children. 引用は、312〜313ページ
㉙ Chatard, A., L. Selimbegovic, P. Konan, and G. Mugny. 2008. "Performance Boosts in the Classroom: Stereotype Endorsement and Prejudice Moderate Stereotype Lift." *Journal of Experimental Social Psychology* 44(5): 1421–1424.
㉚ Chiu, C., C. S. Dweck, J. Y. Tong, and J. H. Fu. 1997. "Implicit Theories and Conceptions of Morality." *Journal of Personality and Social Psychology* 3: 923–940.
㉛ Cimpian, A., H. M. Arce, E. M. Markman, and C. S. Dweck. 2007. "Subtle Linguistic Cues Affect Children's Motivation." *Psychological Science* 18(4): 314–316.
㉜ Clay, Marie. 1993. *Reading Recovery: A Guidebook for Teachers in Training.* Portsmouth, NH: Heinemann.
㉝ Coie, J., and K. Dodge. 1998. "Aggression and Antisocial Behavior." In *Handbook of Child Psychology: Social, Emotional, and Personality Development.* 5th ed. Vol. 3, ed. N. Eisenberg, 779–862. New York: Wiley.
㉞ Cowhey, M. 2006. *Black Ants and Buddhists: Thinking Critically and Teaching Differently in the Primary Grades.* Portland, ME: Stenhouse.
㉟ Cury, F., D. Da Fonseca, A. C. Moller, and A. J. Elliot. 2006. "The Social-Cognitive

参考文献一覧

① Adrián, J. E., R. A. Clemente, and L. Villanueva. 2007. "Mothers' Use of Cognitive State Verbs in Picture-Book Reading and the Development of Children's Understanding of Mind: A Longitudinal Study." *Child Development* 78(4): 1052–1067.

② Aikin, W. 1942. *The Story of the Eight-Year Study*. New York: Harper. http://education.stateuniversity.com/pages/1947/Eight-Year-Study.html

③ Almasi, J. F., and K. Garas-York. 2009. "Comprehension and Discussion of Text." In *Handbook of Research on Reading Comprehension*, eds. S. E. Israel and G. G. Duffy. New York: Routledge.

④ Ambady, N., M. Shih, A. Kim, and T. L. Pittinsky. 2001. "Stereotype Susceptibility in Children: Effects of Identity Activation on Quantitative Performance." *Psychological Science* 12(5): 385.

⑤ Aronson, J., C. Fried, and C. Good. 2002. "Reducing the Effects of Stereotype Threat on African American College Students by Shaping Theories of Intelligence." *Journal of Experimental Social Psychology* 38: 113–125.

⑥ Baer, A. R., H. Grant, and C. S. Dweck. 2005. "Personal Goals, Dysphoria, and Coping Strategies." Unpublished manuscript, Columbia University. Cited in D. C. Molden and C. S. Dweck. 2006. "Finding 'Meaning' in Psychology." *American Psychologist* 61(3): 192–203.

⑦ Baird, G. L., W. D. Scott, E. Dearing, and S. K. Hamill. 2009. "Cognitive Self-Regulation in Youth with and Without Learning Disabilities: Academic Self-Efficacy, Theories of Intelligence, Learning vs. Performance Goal Preferences, and Effort Attributions." *Journal of Social & Clinical Psychology* 28(7): 881–908.

⑧ Baird, J. A., and J. W. Astington. 2004. "The Role of Mental State Understanding in the Development of Moral Cognition and Moral Action." *New Directions for Child & Adolescent Development* 103: 37–49.

⑨ Baron-Cohen, S., S. Wheelwright, J. Hill, Y. Raste, and I. Plumb. 2001. "The Reading the Mind in the Eyes Test Revised Version: A Study with Normal Adults, and Adults with Asperger Syndrome or High-Functioning Autism." *Journal of Child Psychology and Psychiatry* 42(2): 241–251.

⑩ Beah, I. 2007. *A Long Way Gone: Memoirs of a Boy Soldier*. New York: Farrar, Straus and Giroux.『戦場から生きのびて：ぼくは少年兵士だった』I・ベア／忠平美幸訳、河出書房新社、2018年

⑪ Berger, B. H. 1984. *Grandfather Twilight*. New York: Philomel.『たそがれはだれがつくるの』バーバラ・バーガー／いまえよしとも訳、偕成社、1993年

⑫ Bernier, A., S. M. Carlson, and N. Whipple. 2010. "From External Regulation to Self-Regulation: Early Parenting Precursors of Young Children's Executive Functioning." *Child Development* 81(1): 326–339.

⑬ Black, P., and D. Wiliam. 1998. "Assessment and Classroom Learning." *Assessment in Education: Principles, Policy & Practice* 5(1): 7–74. doi: 10.1080/0969595980050102.

⑭ Blackwell, L. S., K. H. Trzesniewski, C. S. Dweck. 2007. "Implicit Theories of Intelligence Predict Achievement Across an Adolescent Transition: A Longitudinal Study and an Intervention." *Child Development* 78(1): 246–263.

⑮ Boal, A. 1979. *Theatre of the Oppressed.* Trans C. A. McBride and M. O. McBride. New

訳者紹介

吉田新一郎（よしだ・しんいちろう）

自立した学び手・教え手へのこだわり歴は、1995年ごろにスタートしました。これなしに「主体的、対話的、深い」学びを言った／実践したところで、ほとんど意味がないと思うからです。（自分のしていることは、生徒たちの教師への依存を高めてしまうのか、それとも減らすのかを常に問う必要があると思います！）
自立した学び手・教え手を実現する方法として、これまでライティング・ワークショップ（作家の時間）、リーディング・ワークショップ（読書家の時間）関連の本や『たった一つを変えるだけ』『「学びの責任」は誰にあるのか』（以上、新評論）、『ようこそ、一人ひとりをいかす教室へ』と『PBL 学びの可能性をひらく授業づくり』（共に北大路書房）、そして本書の姉妹編の『言葉を選ぶ、授業が変わる！』（ミネルヴァ書房）などを紹介してきました。そして、本書がその流れに加わる最新の本です。

ご質問・お問い合わせは、e-mail=pro.workshop◆gmail.com宛にお願いします。

オープニングマインド——子どもの心をひらく授業

2019年1月25日　初版第1刷発行

訳者　吉田新一郎

発行者　武市一幸

発行所　株式会社　新評論

〒169-0051
東京都新宿区西早稲田3-16-28
http://www.shinhyoron.co.jp

電話　03(3202)7391
FAX　03(3202)5832
振替・00160-1-113487

落丁・乱丁はお取り替えします。
定価はカバーに表示してあります。

印刷　フォレスト
装丁　山田英春
製本　中永製本所

Printed in Japan
ISBN978-4-7948-1114-1